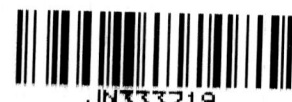

THE ESSENCE OF
黒帯英語への道

上

大川隆法 編著

本書について

★本書『The Essence of 黒帯英語への道』(上)は、宗教法人 幸福の科学の会内経典として発刊されている『黒帯英語への道』全10巻の中から、エッセンスとなる英単熟語等を掲載したものである。

★まえがきは、『黒帯英語への道』①・『黒帯英語への道』⑩の発刊当時のものを掲載した。

★上巻には、日常英会話、英字新聞読解、国際ビジネスの3つのシーンでよく使われる英単熟語等を掲載した。

まえがき

――『黒帯英語への道』①より

『ビジネス・エリートのための英単熟語集』①～⑩巻のシリーズに続いて、『黒帯英語への道』①～のシリーズを作成していくつもりである。

編集方針は、英字新聞のメジャーな記事が読め、英字週刊誌（硬派なもの）のメインの記事が読め、通常英会話、ビジネス英会話ができるようになること。さらにＴＶで英語ニュースを見、アメリカで人気の連続ＴＶドラマのセリフが聞きとれること。英語で映画がわかるようになること。プロの翻訳家として通用する英文和訳の仕方を学習すること。さらに商業英語の世界にも足を踏み入れて、ビジネス・レターの書き方まで指南することである。つまり、仕事でも趣味でも通用する、英語大好き人間を創り出していくつもりである。

今後とも英会話プラス、一ひねりした教材を加えていくつもりである。「日本人でここまで英語が使えるのか」とネイティブを降参させるのが、そしてそういう人たちを教育で創っていくのが、私の希望である。

2012年3月26日

幸福の科学グループ創始者 兼 総裁

大川隆法《おおかわりゅうほう》

まえがき

――『黒帯英語への道』⑩より

何とか＜黒帯英語への道＞全10巻がそろった。ワン・シーズンとしてはこれでひとまとまりと考えてもよいだろう。英検準１級、１級、国連英検Ａ級、特Ａ級、ガイド試験、TOEIC730点～900点台の人たちにはとても参考になるテキストとなったと思うし、このシリーズで国際ビジネスマンとしては、斬《き》れる英語を十分に使えるだろう。また、私の本の英訳本なども併用して勉強すれば国際伝道士としても十分通用するだろう。卑近《ひきん》な例で恐縮だが、少なくとも、本シリーズの原稿整理やタイプアップ、誤植チェックの精読などに関係した私の秘書男性３名、女性２名の５名は、留学もしていないのに、今年同時期に、全く同じ＜TOEIC935点＞のスコアを出した。＜黒帯英語への道＞の証明かと思う。本シリーズ製作にあたっては、各種英字新聞、各種英語週刊誌、月刊誌、ＮＨＫ英会話各コース、ハリウッド英語映画数十本、海外の各種英語ＴＶドラマシリーズ数百本、数十冊の英会話・文法・解釈の参考書、ＣＮＮ、ＢＢＣなどを参考にした。この場を借りて感謝する。次は＜黒帯英語初段＞シリーズに入《はい》れれば幸いかと思う。

2012年12月28日

幸福の科学グループ創始者 兼 総裁

大川隆法《おおかわりゅうほう》

Contents

Part1
エブリデイ英語

A

CD-1 Track.1

1 □	**(all) tuckered out**	くたくたで (= tired out; worn out)
2 □	**a bit of chutzpah** [hútspə]	少しの度胸 [勇気]
3 □	**a bitter pill to swallow**	耐えねばならない嫌なこと The outcome boosted Germany's center-left opposition, and was a bitter pill to swallow for Merkel's Christian Democrats as the country looks toward national elections due late next year. (〈選挙〉結果は、ドイツの中道左派の野党を勢いづかせ、来年後半に予定されている総選挙に向け、メルケル〈首相〉のキリスト教民主同盟にとってつらいものとなった。 AP 5/15/2012)
4 □	**a blessing in disguise**	災い転じて福となること ※「変装した福」が直訳。 That was a blessing in disguise. (その災いが実は福だったのです。)
5 □	**a born genius**	まったくの天才
6 □	**a broader range of**	多種多様の
7 □	**a colloquial style**	口語体
8 □	**a heaven-sent opportunity**	(天から与えられた) 絶好の機会
9 □	**a love of learning**	好学心

10 □	A minor	イ短調
11 □	a plethora of ～	多くの～
12 □	a reservoir of talents	人材の宝庫
13 □	a sorry excuse for ～	～に対する苦しい弁解 ※「ひどい」という意味で使える。 That's a sorry excuse for a cafe. （あのカフェは最低よ。） He's a sorry excuse for a do-it-yourselfer. （彼の日曜大工ときたら、もう…。）
14 □	a spate of ～	大量の～、～の多発 （= a large number of similar things or events happening in quick succession）
15 □	a star of the first magnitude	一等星
16 □	abort	〔動〕流産する、（計画などが）失敗する、～の成長［発展］を止める、（計画など）を中止する
17 □	abrasive [əbréisiv; əbréiziv]	〔名〕研磨剤 〔形〕耳障りな、不愉快な（= annoying）、気に障る、研磨の
18 □	acclimatize oneself to ～	～に順応する

19 □	accomplish a mission	ミッションを完了する
20 □	achieve goals	ゴール［目標］を達成する
21 □	acquired taste	慣れが必要な味・食べ物
22 □	across the board	一律に、あらゆる点で The number of reported bullying cases at primary, middle and high schools decreased across the board. An average of five cases were reported per 1,000 students. （認知されたいじめの件数は、小中高校でいずれも減少し、児童生徒 1000 人あたりの平均は 5 件だった。 The Daily Yomiuri 9/13/2012） bully〔動〕（～を）いじめる
23 □	act up	（機械などが）異常に作動する・調子が乱れる 《口》（特に子供が注目されたいために）行儀悪くする
24 □	adversity	〔名〕逆境、不幸 (= misfortune)
25 □	afflict	〔動〕～を苦しめる、～を悩ます
26 □	affliction	〔名〕苦痛、苦悩 (= pain)、難儀、苦しみの種
27 □	affordable	〔形〕手ごろな価格の

28 □	aftertaste	〔名〕（口に残る）後味、 （不快な出来事などの）余韻、 後味
29 □	aggravate	〔動〕～に追い打ちをかける
30 □	ailment	〔名〕病気、持病
31 □	air dirty laundry in public	内輪の恥をさらす [外に出す]
32 □	air out ～	～に風を通す
33 □	airtime	〔名〕放送時間 Still plenty of Putin, but rivals find some airtime （依然プーチン多数、しかしライバル達も放送枠を獲得 International Herald Tribune 2/15/2012）
34 □	alacrity	〔名〕敏速、活発、気軽
35 □	albeit [ɔːlbíːit]	〔接〕～にもかかわらず、～ではあるが
36 □	All actions start from planning.	すべてのアクションは計画から始まる。

37 □	**all show and no go**	**見てくれだけの役立たず** That shiny car of Larry's is all show and no go. （ラリーのあのぴかぴかの車は見かけ倒しよ。）
38 □	**all talk (and no action)**	**口先番長、言うだけで行動はなし** ※やるやるとは言うけど行動が伴わない人。 The press were united in denouncing the prime minister for being all talk. （マスコミは総出で、首相は口先だけだと非難した。） denounce〔動〕～を非難する
39 □	**allure**	**〔名〕魅惑、魅力** **〔動〕～を魅惑する**
40 □	**also known as ～**	**～という別の名でも知られていて** This is Waimea, also known as Kamuela. （ここがワイメアで、カムエラという名でも知られています。）
41 □	**amass**	**〔動〕～を集める**
42 □	**ambience**	**〔名〕雰囲気** (= atmosphere)**、環境**
43 □	**amid the hustle and bustle**	**喧騒のただ中で、慌ただしさの中で**
44 □	**an array of ～**	**数々の～、ずらりと並んだ～** (= a series of ～)

45 □	animal shelter	動物保護施設（里親を探す愛護施設）
46 □	anonymous	〔形〕匿名の、（作者などの）名が分からない、特徴のない
47 □	antioxidant	〔名〕抗酸化物質
48 □	any day now	もうすぐ（にでも） ※いつ（どの日に）起こってもおかしくない、という気持ち。
49 □	appalling	〔形〕ぞっとするような、ものすごい This is appalling!（これはとんでもない！）
50 □	appraisal	〔名〕評価、値踏み、査定、鑑定
51 □	aptly	〔副〕適切に、うまく
52 □	aptness	〔名〕才能、傾向、適切さ
53 □	Aquarius	〔名〕水瓶座（= the Water Bearer）
54 □	Aquila	〔名〕わし座
55 □	arbitrariness	〔名〕独断、恣意性

56 □	archfoe	〔名〕大敵、究極の敵 Israel's archfoes, Shiite Hezbollah in Lebanon and the Islamic republic of Iran, hailed Morsi's victory. （イスラエルの宿敵の、レバノンに拠点を置くイスラム教シーア派組織ヒズボラとイランは、〈エジプト大統領選での〉モルシ氏の勝利を祝福した。 AFP-Jiji 6/27/2012） arch-〔接頭〕第一の、極端な foe〔名〕敵 hail〔動〕～を祝う、～を歓呼して迎える
57 □	Aries	〔名〕牡羊座（= the Ram）
58 □	artery	〔名〕動脈
59 □	arthritis	〔名〕関節炎
60 □	as far as I'm concerned	私（の意見）としては、私にとっては
61 □	as of ～	～現在
62 □	as someone put it	（人）が言ったように、 （人）のことばを借りれば
63 □	assertive sentence	平叙文（疑問文でも否定文でもない文）
64 □	asterisk	〔名〕星印

65 □	at a standstill	足踏み状態で
66 □	at fault	責任のある、とがめられるべき (= to be wrong or responsible for a mistake)
67 □	at prices you can't beat	どこにも負けない価格で
68 □	at the end of the day	《口》結局は、最終的には At the end of the day, however, I think everyone will realize that the spinoff plan is the best way to adapt to changing market conditions. （しかし、結局は、変化しつつある市場の状況に適応するための最良の方法はスピンオフであることを、だれもが理解するだろうと思います。） adapt to ～（～に順応する、～に適応する）
69 □	at this point	この時点で
70 □	attractive force	引力
71 □	austere	〔形〕（文体・服等が）簡素な、 飾り気のない、 （人・生活などが）質素な
72 □	authenticity	〔名〕信頼性
73 □	autonomy	〔名〕自主性、自律性、自治、自治権

74 □ **avenge**

〔動〕～に（被害者のことを思いやって正義のために）復讐する

He avenged his sister.（彼は妹の仇を討った。）

75 □ **avert**

〔動〕～を避ける、～を回避する、～を防ぐ

The Beijing mayor at the time of the crackdown in Tiananmen Square said "this was a tragedy that should have been averted but wasn't."
（天安門事件当時の北京市長は、「〈事件は〉回避するべき惨事だったのに、起きてしまった」と語った。 Reuters 6/5/2012）

tragedy〔名〕悲劇、悲劇的事件、惨事

76 □ **avidity**

〔名〕熱心、渇望

B

CD-1 Track.2

77 □	back hip circle	さか上がり（= backward flip）
78 □	backbreaking work	過酷な作業
79 □	bait	〔名〕（釣り針、わなにつける）えさ
80 □	balk at the decision	その決定にたじろぐ balk [bɔ́:k]〔動〕ためらう、尻込みする、躊躇する
81 □	bang for the buck	《米》《口》出費に見合うだけの価値 [効果] bang〔名〕バン [ドン・ズドン・バタン] という音、轟音、活気、大成功、興奮 buck〔名〕ドル cf. value for money（お金を払った [払う] だけの値打ちのあるもの）
82 □	barge into the room	部屋にいきなり入ってくる barge [bɑ́:rdʒ]〔動〕場所をかきわけて進む barge in（ノックしないで部屋に）入り込む
83 □	be a nice change of pace	いい気分転換になる It's a nice change of pace. （いい気分転換になります。）
84 □	be all about ～	すべて～に尽きる
85 □	be all for ～	～に大賛成である
86 □	be associated with ～	～を連想させる、～と結び付けられる

87 □	**be caught off-guard**	**不意を突かれる、（想定外で）驚かされる、戸惑う** Even senior LDP officials say they have been caught off-guard by Noda's shift toward their party. （自民党幹部たちでさえも、同党に接近する野田首相に戸惑いの声を上げる。） off-guard〔形〕油断して
88 □	**be clogged with ～**	**～で詰まっている** clogged〔形〕詰まった
89 □	**be deluged by ～**	**～が押し寄せる、～が殺到する**
90 □	**be diagnosed with angina**	**狭心症と診断される**
91 □	**be discharged from ～**	**～を退院する**
92 □	**be down in the dumps**	**（気持ちが）落ち込む** Susan has been down in the dumps since her husband died. （夫が死んでからスーザンはずっと落ち込んでいます。） dump〔名〕《通例～ s で》（気分が暗く）憂うつ（な状態）
93 □	**be down on one's luck**	**ツキに見放されている**
94 □	**be drawn to ～**	**～に引きつけられる**

95 □	be geared toward women	女性を対象としている
96 □	be gunning for success	成功を必死に求める
97 □	be hard on someone	(人) に厳しい、(人) につらく当たる Aren't you being a bit hard on yourself? (あなたはご自分に対して少し厳しいのではありませんか。)
98 □	be headed for the scrapheap	ダメになる、廃業に追い込まれる、切り捨てられる
99 □	be impressed with ～	～に感銘を受ける、～に感心 [感動] する
100 □	be in agony	苦しみもだえている
101 □	be in for ～	～を経験する、～が待っている
102 □	be in good standing	正職員である、正会員である、よい状態である
103 □	be in seventh heaven	《口》有頂天である、大喜びしている
104 □	be incorporated in ～	～に組み込まれる
105 □	be intoxicated	(酒に) 酔った、(我を忘れるほど) 興奮している

106 □ **be jazzed about ～**

《米》《口》～のことでワクワクしている

Likewise, Peter. But I bet you're jazzed about your new role as a marketer with Aloha Pet Care, since you're such an animal lover.
（私もですよ、ピーター。でも、きっとあなたは、アロハ・ペットケアのマーケティング担当という新しい任務にワクワクしているのでしょう。大の動物好きですからね。）

Likewise.（《口》私も同じです。）

---

107 □ **be keen to ～**

～を強く望む

---

108 □ **be laid up**

（病気やけがで）寝込んでいる

---

109 □ **be loath to do**

～するのに気が進まない、
～する気にならない

---

110 □ **be lost for words**

言葉が見つからない、
何と言っていいかわからない

I'm lost for words!
（言葉が見つかりません！）

A：Here's a token of our appreciation.
（A：これは我々の感謝の気持ちです。）

B：Oh, my goodness! I'm lost for words!
（B：ああ、大変！言葉が見つかりません！）

A：We've really enjoyed working with you.
（A：あなたと一緒に仕事ができて本当に楽しかったです。）

B：Thank you all.
（B：皆さん、ありがとうございます。）

---

111 □ **be mortified**

屈辱［恥ずかしさ］を感じる、悔しがる

112 □	**be never shy about ～**	堂々と～する
113 □	**be not cut out for the job**	その仕事に向いていない
114 □	**be on a steep learning curve**	急ピッチで学習する I guess we have to be on a steep learning curve. （私たちは、短期間に多くのことを学ばなければならないようですね。）
115 □	**be on hand**	出席する、手元にある
116 □	**be on someone's side**	（人）の味方である、 （人）に賛成している
117 □	**be on the same wavelength**	《口》同じ考え方である、 波長が合っている、（好みや趣味、意見などを同じくするので）お互いにわかり合えている I know I speak for all of us when I say that I want to be on the same wavelength as management at H&B. （H&B の経営陣とは考え方を共有したいと私は思いますが、それは皆さんも同じでしょうね。） wavelength〔名〕波長（波の山から次の山、または谷から次の谷までの距離）、互いの気持ちや意思などの通じ具合

118 □	be on the verge of ～	今にも～しようとしている、 ～の寸前である (= very near to something happening or to doing something; be about to ～) verge〔名〕縁、限界
119 □	be out of the woods	《口》危機を脱している、もう安心である
120 □	be prone to ～	～の傾向がある、～しがちである
121 □	be right on that score	その点では正しい
122 □	be set to do	～することになっている
123 □	be squeezed out	廃業 [中止] に追い込まれる、 締め出される
124 □	be strapped for ～	～に困っている strapped〔形〕紐で縛った、無一文の、貧窮した
125 □	be stuck in ～	～で身動きが取れない、 ～から抜け出せない
126 □	be suspected of doing	～していると疑われる
127 □	be taken aback by the news	そのニュースにあっけにとられる

128 □	be tethered to ～	～につながれている、 ～につながっている、 ～に束縛されている
129 □	be undertaken by ～	～によって始められる
130 □	be upfront about ～	～について率直である
131 □	be valued at ～	～の価値があるとされる
132 □	be whisked away by the police	警察に連れて行かれる
133 □	be wrapped up in the video game	そのゲームに没頭する
134 □	bear no relation to ～	～とは無関係である
135 □	bearer of bad news	悪いニュースを伝える人
136 □	bedrock	〔名〕地質基盤、庭、根底 ※ドラッカーは基底分析の「基底」にこの単語を使う。
137 □	beef [step] up security	セキュリティーを強化する
138 □	behind the myth of ～	～の神話の正体に

139 □	belittle	〔動〕～を小さくする、 ～の価値を下げる、～をけなす
140 □	belt-tightening	〔名〕緊縮、節約、耐乏 〔形〕緊縮の
141 □	beneficiary	〔名〕保険金受取人
142 □	benefits	〔名〕福利厚生
143 □	benign	〔形〕良性の
144 □	big-name	〔形〕《口》有名な、大物の
145 □	big-ticket item	《口》高額商品
146 □	bilateral	〔形〕2国間の
147 □	birthmark	〔名〕アザ（= bruise; spot）
148 □	bite off more than ～ can chew	～が実力以上のことを引き受ける
149 □	bite the bullet	嫌なことに敢然と立ち向かう （= to force oneself to do something with pain and difficulty）

150 □ **bladder**

〔名〕膀胱

151 □ **bland**

〔形〕大味な、味があまりない

152 □ **blast** [blǽst]

〔名〕突風、突発、爆破、爆風、送風、警笛
〔動〕～を吹く、～を爆発させる、～を損なう、大きな音を出す、爆発する、枯れる

153 □ **blaze a trail**

道を切り開く

Sally Ride, who blazed trails into orbit as the first American woman in space, died Monday of pancreatic cancer.
（初の米国人女性宇宙飛行士として宇宙への道を切り開いたサリー・ライドさんが 23 日、膵臓〈すいぞう〉がんのため亡くなった。
AP 7/25/2012）

154 □ **blind-side**

〔形〕死角の、弱点の、無防備の側（方向）の

The stinging comments by Egyptian President Morsi were a blind-side blow for Iran as host of an international gathering of so-called nonaligned nations.
（非同盟諸国の国際的な会合を開催したイランにとって、〈シリア問題での〉エジプトのモルシ大統領の苦言は不意の一撃だった。
AP 9/1/2012）

155 □ **blooper**

〔名〕《米》《口》へま、失敗

156 □ **blow off ～**

《米》《口》～をすっぽかす

157 □ **blow on ～**

～に息を吹きつける

158 □ **blunder**

〔名〕大失敗、へま

Lilly asked Peter whether his blunder resulted in his being fired.
（リリーは、彼の大失敗が解雇につながったのかと、ピーターに尋ねた。）

159 □ **bluntly**

〔副〕率直に、無遠慮に、ぶっきらぼうに
（= in a blunt direct manner）

160 □ **boil down to ～**

結局～ということになる

161 □ **bolster**

〔動〕（世論・団体などが）～を支持する、～を励ます、～を強化する、～を改善する
〔名〕長枕

162 □ **booze**

〔名〕《口》酒、アルコール飲料

163 □ **born introvert**

生まれつき内向的な人

My biggest problem is that I'm a born introvert and I just can't be as outgoing as Americans are.
（私の最大の問題は、生まれつき内向的で、どうしてもアメリカ人のように外向的になれないことです。）

outgoing〔形〕社交的な、外向的な

164 □ **bossy**

〔形〕威張った

165 □	**bottle up one's emotions**	感情を抑える、感情を押し殺す
166 □	**bottom line**	純利益、純損益
167 □	**bottom out**	底に達する、底を打つ
168 □	**breadwinner**	〔名〕一家の稼ぎ手、大黒柱 More than half of the public supports the idea that husbands should be the breadwinners, while wives should stay home and do housework, a recent government survey showed. （半数を超える人が、夫は一家の稼ぎ手となり、妻は家で家事をすべきだという考えを支持していることが、政府の最近の調査で明らかになった。 The Daily Yomiuri 12/17/2012）
169 □	**breakdown**	〔名〕故障
170 □	**brew** [brúː]	〔名〕醸造酒 〔動〕（お茶などが）入る、 （ビールを）醸造する、計画される、 （お茶、コーヒーなど）を入れる、 ～を企てる
171 □	**bring ～ to an end**	～を終わらせる、～に終止符を打つ ※ bring an end to ～ の語順でも可。
172 □	**bring someone on board**	（人）を仲間に加える、 （人）を一員に迎える

173 □	**bring someone up to speed on ～**	～についての（最新）情報を（人）に伝える
174 □	**brouhaha**	〔名〕喧騒、騒動、大騒ぎ Newly minted education minister Makiko Tanaka is known for a history of brouhahas with bureaucrats. （新たに就任した田中真紀子・文部科学相は、過去、官僚らともめ事を起こしたことで知られている。 AJW 11/17/2012）
175 □	**buckle down to work**	仕事に本腰を入れる
176 □	**budding artist**	新進アーティスト、芸術家、画家の卵 budding〔形〕芽が吹き出す
177 □	**buff up ～**	《口》～をよくする［磨き上げる、きれいにする］
178 □	**bullish on ～**	～について楽観的な
179 □	**bumpy ride**	厳しい状況（= rough ride）
180 □	**bundle someone off to ～**	（人）を～に送り込む
181 □	**burgher** [bə́ːrgər]	〔名〕（正式な）市民

182 □ **burn one's bridges behind one**

あとには引き返せない状況を作る、背水の陣を敷く

Jeff burned his bridges behind him when he filed a complaint against his boss.
(ジェフは背水の陣を敷いて、上司に対する苦情を訴えました。)

---

183 □ **burn one's bridges in front of one**

自ら苦難を招く

You'll burn your bridges in front of you if you quit school now.
(今、退学したら、将来困ることになりますよ。)

---

184 □ **burn something into ～**

(思い出など) を (心・記憶など) に焼き付ける

I'm going to burn the experience of this trip into my head.
(私は、この旅行の思い出を、心に焼き付けるつもりです。)

---

185 □ **burn the midnight oil**

夜遅くまで働く [勉強する]

I've been burning the midnight oil all for days. Now I've got bags under my eyes.
(ここのところ何日も夜遅くまで働いているから、目の下にくまができてしまったよ。)

---

186 □ **buy [take out] a policy [an insurance]**

保険に加入する

---

187 □ **by a factor of ～**

～倍に

---

188 □ **by leaps and bounds**

飛躍的に、とんとん拍子に

---

189 □ **by the same token**

同様に、同じように

190 □	calamitous	〔形〕悲惨な、痛ましい
191 □	call a meeting	会議を招集する
192 □	call a spade a spade	ありのままに言う、 歯に衣を着せずに言う
193 □	callus	〔名〕タコ ※手や足などにできるタコのこと。
194 □	can-do	〔形〕意欲的な
195 □	can't read between the lines	空気が読めない（KY） It really irritates me that she can't read between the lines. （彼女は空気が読めないので、私は本当にいらいらします。）
196 □	capillary vessel	毛細血管（= capillary）
197 □	capitalize on ～	～を利用する
198 □	Capricornus	〔名〕山羊座（= Capricorn; the Goat）
199 □	cardiovascular disease	循環器系疾患、心臓血管疾患
200 □	caregiver	〔名〕介護者

201 □ **carrot-and-stick**

〔形〕ニンジンとムチの、アメとムチの、褒美と罰の

Washington takes credit for a carrot-and-stick approach that pushed Myanmar's generals toward democratic change and led to Thein Sein taking office as president.
（米政府は、アメとムチの対応でミャンマー軍政に民主化を迫り、テイン・セイン氏を大統領就任に導いたと評されている。
Reuters 11/10/2012）

---

202 □ **carry a secret to the grave**

秘密を墓まで持っていく、秘密を明かさずに死ぬ

---

203 □ **carry over ～**

（計算で）（数字）を（次の位に）繰り上げる《to》、（損失など）を次期へ繰り越す、～を持ち越す、～を延期する

---

204 □ **carry through**

（困難・病気などを）切り抜けさせる［乗り切らせる］

---

205 □ **cash-strapped**

〔形〕お金に困っている、財政難の

To be cash-strapped is to be poor.
（cash-strapped とは、貧しいということである。）

---

206 □ **cater to ～**

～の要求を満たす、～の需要に応える

So they're concentrating more on catering to upper- and lower-income ranges.
（それで、高所得層と低所得層の需要に応えることのほうに、より力を注いでいるのです。）

---

207 □ **chatterbox**

〔名〕《口》おしゃべりな人

---

208 □ **checking account**

当座預金口座

209 □	cheering crowd	歓声に沸く聴衆
210 □	chill out	落ち着く、冷静になる
211 □	Chinese animal sign	干支（= Chinese zodiac sign）
212 □	chin-up	〔名〕けんすい（= pull-up）
213 □	chronicle	〔名〕年代記
214 □	church service	礼拝
215 □	cicada	〔名〕セミ
216 □	circumnavigate	〔動〕～を周航する、～をぐるりと回る
217 □	clamor for ～	～を声高に要求する
218 □	claw back	（失ったものを）取り戻す It will be difficult for Elpida to claw back into a market that will effectively be controlled by Samsung Electronics and Hynix. （韓国のサムスン電子やハイニックスが存在感を強める市場で、エルピーダメモリが再起を果たすことは容易ではない。 AJW 3/24/2012）
219 □	close in on ～	～に徐々に近づく、 ～を包囲する［取り囲む］

220 □	close on ～	(不動産の契約など) を決める [まとめる]
221 □	Closing Down Sale	閉店セール
222 □	clutter	〔名〕散乱したもの
223 □	cocooning	〔名〕(外出や人づきあいを避けて) 家にこもること、 家で余暇を過ごすこと
224 □	coin a phrase	新しい言い方をする
225 □	collation	〔名〕照合、校合、 ページ順になっているかを調べること、 落丁調べ
226 □	college-bound	〔形〕大学進学 (志望) の
227 □	come on in	どうぞ入って ※「come in (お入りください)」のほうがやや堅い表現。
228 □	come out of one's shell	自分の殻から抜け出す [殻を破る]、 打ち解ける
229 □	come under fire for ～	～の点で非難される
230 □	commemorate	〔動〕～を迎える、～を記念する

231 □	complacency	〔名〕ひとりよがり、自己満足 (= complacence)
232 □	complacent	〔形〕悦に入った、自己満足の、 のん気な
233 □	concede [kənsíːd]	〔動〕～を認める、～と容認する、 ～を許す、譲歩する、認める、 負けを認める
234 □	concededly	〔副〕明白に
235 □	conform to ～	～に従う、～と一致する
236 □	consecutive	〔形〕連続の
237 □	consecutively	〔副〕連続的に
238 □	consolidate [kənsɑ́lidèit]	〔動〕（～を）統合する (= to combine different parts or items into one whole)、～を強化する
239 □	consolidation	〔名〕統合、強化
240 □	contaminant	〔名〕汚染物質
241 □	contaminated	〔形〕汚染された、混入した

242 □	contender	〔名〕競争相手、挑戦者
243 □	contradiction in terms	名辞矛盾、ことばの矛盾
244 □	conventional wisdom	社会通念、世間一般に広く受け入れられている考え方
245 □	cook up a story	話をでっち上げる
246 □	cosseted	〔形〕甘やかされた
247 □	cost a fortune	大金がかかる、値がとても高い
248 □	cozy up	すり寄る Such is the popularity of the new mayor that some politicians began to cozy up to him. （新市長の人気を見て、何人かの政治家が彼にすり寄り始めました。） popularity〔名〕人気 mayor〔名〕市長
249 □	crank up ～	（勢い・スピード）を増す European Union governments agreed further sanctions against Iran's banking, shipping and industrial sectors, cranking up financial pressure on Tehran. （欧州連合〈EU〉の各国政府は、イランとの金融取引や輸送、産業の各部門に対する追加制裁で合意し、同国への経済的圧力を強化した。Reuters 10/17/2012）

250 □	crap	〔名〕たわごと、ほら、うそ
251 □	creative power	創作力
252 □	creative thinking	創造的な考え方
253 □	creepy	〔形〕不快な、不気味な、ぞっとする
254 □	cross someone's path	出会う、遭遇する
255 □	crumpled	〔形〕しわになった、くしゃくしゃになった
256 □	culinary [kjú:lənèri; kʌ́lənèri]	〔形〕料理の、料理用の、台所の
257 □	cultural literacy	文化への理解
258 □	curfew	〔名〕（夜間）外出禁止令、門限、消灯時間
259 □	custom-made	〔形〕オーダーメイドの

260 □	cut (someone) dead	シカトする ※ ignore よりもカジュアルな言い方。 Eddie asked his ex-wife how she was doing, but she just cut him dead. （エディは元の奥さんに元気かと聞いたのですが、彼女はシカトしました。） cf. ignore〔動〕～を無視する
261 □	cut a deal	契約を結ぶ、取引する、合意する
262 □	cut back (on) ～	～を削減する [減らす]
263 □	cut corners	手を抜く、（努力などを）省く、節約する、近道をする
264 □	cut out to be ～	（生まれつき）～に向いている・～の素質がある
265 □	cut to the chase	本題に入る、要点を言う
266 □	cutting-edge technology	最先端の技術
267 □	Cygnus	〔名〕白鳥座（= the Swan）

268 □ **delineate** [dilínièit]
〔動〕～を言葉で詳細に描写する、（絵や図で）を表す

269 □ **demean**
〔動〕～の品位を下げる、～に身を落とす

270 □ **demeanor** [dimí:nər]
〔名〕（他人に接する）態度、物腰（= manner）、ふるまい、品行

271 □ **demolish** [dimáliʃ]
〔動〕～を破壊する、～を取り壊す（= knock down [tear down]）、（議論や評判など）を覆す

272 □ **derail**
〔動〕～を頓挫させる、～を失敗させる、（列車など）を脱線させる、脱線する、頓挫する

273 □ **destabilization**
〔名〕不安定化、混乱

274 □ **detain**
〔動〕～を留置する、～を引き留める、～を待たせる

275 □ **detergent**
〔名〕（合成）洗剤

276 □ **detest**
〔動〕～を憎む、～することをひどく嫌う

277 □ **detraction**
〔名〕非難、誹謗、毀損

278 □ **detrimental**
〔形〕有害な、不利な

279 □	diabetes	〔名〕糖尿病
280 □	diagnosis	〔名〕診断
281 □	diamond jubilee	60 周年祝典 Queen Elizabeth II marked her Diamond Jubilee on Monday with a message thanking all those who had supported her over her 60-year reign and reaffirming her dedication to serving the British people. （エリザベス女王は月曜日、即位 60 年の祝典を迎え、在位 60 年を支えたすべての人への感謝と、改めて英国民への奉仕に身をささげるとのメッセージを伝えた。 AP 2/7/2012）
282 □	diffuse	〔形〕（文体、作家などが）言葉数の多い、冗漫な、散漫な
283 □	dingy	〔形〕薄汚い、黒ずんだ、すすけた（= dark and dirty）、陰気な
284 □	dire [dáiər]	〔形〕悲惨な、すさまじい、ひどい、重大な、急を要する
285 □	discard	〔動〕～を破棄する
286 □	dish out money	お金を分配する
287 □	dish up	（食べ物を）よそう [盛る]

288 □	**dismantle**	〔動〕～を解体する
289 □	**dismayed** [disméid; dizméid]	〔形〕失望した、狼狽した、うろたえた
290 □	**disparity**	〔名〕格差、不均衡 Just before the lower house was dissolved, a bill to reduce vote-value disparities passed the Diet, but the upcoming general election will be held under the current electoral system. （衆院が解散される直前に「1 票の格差」を縮小する法案が国会で可決されたが、次の総選挙は〈区割りを変更しない〉現行の選挙制度のもとで行われる。 The Daily Yomiuri 11/19/2012）
291 □	**dispel**	〔動〕～を追い払う、 （心配・恐怖など）を一掃する、 （疑いなど）を晴らす
292 □	**dissemination**	〔名〕普及、宣伝
293 □	**distressing**	〔形〕苦しめる、悩ませる、つらい （= making somebody very upset or unhappy）
294 □	**ditch the expedient excuse**	便利な言い訳を捨てる
295 □	**diversified**	〔形〕多様な、多様化した、多角化した

296 do [fulfill; perform] one's duty
使命・務めを果たす
She failed to do her duty as a politician.
（彼女は政治家としての本分を全うできなかった。）

297 do a sloppy job
ずさんな仕事をする

298 doctor the figures
数字を改ざんする

299 donation-based
〔形〕寄付によって成り立つ

300 dorm
〔名〕《口》寮、寄宿舎
※ dormitory の短縮形

301 dormitory
〔名〕寮、寄宿舎

302 double-edged sword
もろ刃の剣

303 drag bunt
セーフティバント

304 draw ～ together
～を団結［協力］させる

305 draw a blank
何も思い出せない
※真っ白な空くじを引くイメージから。
I'm drawing a blank.（何も出てこないわ。）

306 draw criticism
批判を招く

307 □	**draw fire**	非難の的となる、攻撃を招く Susan Rice, the U.S. ambassador to the United Nations, has drawn heavy fire from Republicans for remarks she made in the aftermath of an attack on the U.S. mission in Libya. （スーザン・ライス米国連大使は、リビアでの米領事館襲撃事件後の発言について、共和党から激しい非難を浴びてきた。 Reuters 12/15/2012）
308 □	**draw straws [lots]**	くじを引く
309 □	**draw the line between public and private matters**	公私をきちんと区別する （けじめをつける）
310 □	**drawn to China**	中国に魅かれて
311 □	**dream come true**	（かなえられた夢を指して）夢のような話［こと］、夢の実現
312 □	**dredge up the past**	過去のことを掘り起こす・蒸し返す
313 □	**drive someone up the wall**	《口》（人）を激怒させる
314 □	**drop ～ like a hot potato**	～をいとも簡単に捨てる・見限る ※熱いポテトが持てない、というイメージ。 Didn't you hear? Liz dropped David like a hot potato. （聞いてなかったの？リズはデビッドをいとも簡単に捨ててしまったのよ。）

315 □	**dubious**	〔形〕いかがわしい、不審な、疑わしい、はっきりしない
316 □	**duplicate key**	合鍵（= spare key）
317 □	**dwell on the past**	過去のことばかりくよくよ考える

318 □	early bird	早起きの人 ※「早起きの鳥は虫を捕まえる」という英語のことわざが語源と考えられている。日本の「早起きは三文の徳」と同じ意味。 Early bird tourists took in spectacular views of the “unkai” (sea of clouds) on the morning of July 4. （早起きした観光客たちは 7 月 4 日朝、素晴らしい雲海の眺望を見た。 AJW 7/21/2012）
319 □	eat away	（人を）悩ます《at》
320 □	eat humble pie	屈辱を味わう、恐れ入って謝る
321 □	eat in	家で食事をする ⇔ eat out（外食する）
322 □	eat one’s fill	がっつり食べる I’m starving. Let’s eat our fill tonight. （腹ペコだよ。今夜はがっつり食おうぜ。）
323 □	efflux	〔名〕流出
324 □	eke out a living	かろうじて生計を立てる
325 □	elastically	〔副〕伸縮自在に、弾力的に
326 □	elasticity	〔名〕伸縮性、弾力性

327 □	elate	〔動〕～を有頂天にさせる、 ～を元気づける
328 □	electrical appliance	電気製品
329 □	elicit	〔動〕～を引き出す、～を聞き出す
330 □	elude	〔動〕～を逃れる、（考え・事などが） ～に理解できない、～を回避する
331 □	embrace an opportunity	機会を活用する
332 □	embryo	〔名〕胚、胎児 Shinya Yamanaka drew a weeping human embryo and mouse, which had a tumor growing out of its side. He used the illustration to highlight the problems of ES cells. （〈ノーベル生理学・医学賞受賞が決まった〉山中伸弥氏は、人間の胚〈受精卵が成長したもの〉や、脇腹に腫瘍ができたマウスが涙を流すイラストを描いて、ES 細胞〈胚性幹細胞〉研究の問題点を強調した。 The Daily Yomiuri 10/10/2012）
333 □	eminent	〔形〕著名な、高名な、すぐれた、 卓越した
334 □	emulate	〔動〕～を見習う、～をまねる、 ～のように機能させる、～を競う

335 □	encompass	〔動〕～を含む、 ～を包括する（= to include)、 ～を取り囲む、～を包み込む
336 □	end up doing	結局～することになる Exactly. She ended up marrying European royalty! （まさに。彼女は結局、ヨーロッパの王族と結婚することになったんです。） royalty〔名〕王族
337 □	enervated	〔形〕力を失った、疲れた
338 □	engrave	〔動〕～を彫刻する、～を彫り込む、 ～を印刷する、 ～を（心に）刻み込む
339 □	enhance	〔動〕（価値・力・精度など）を高める・増す、～の機能を高める
340 □	enigma [ənígmə]	〔名〕謎、不可解な言葉 [人物]
341 □	enter orbit	軌道に入る
342 □	entice [entáis]	〔動〕うまい話でそそのかして～させる、 ～を誘惑する、～をおびき出す
343 □	enumeration	〔名〕列挙、一覧表

344 □	equilibrium	〔名〕平衡
345 □	equinox	〔名〕春分の日、秋分の日
346 □	erode	〔動〕（徐々に）～を損なう・衰退させる・疲弊させる A major topic is whether the middle class is being eroded. （中間層が疲弊しているかどうかが主要論点です。）
347 □	establish one's trust	信頼を構築する
348 □	evict	〔動〕～を（法的手段によって）立ち退かせる、～を取り戻す
349 □	excruciatingly	〔副〕耐えがたいほど She told him that his friends were excruciatingly boring. （彼の友達は耐えがたいほど退屈だって彼女が言ったの。）
350 □	exemplify	〔動〕～を例証する、～を例示する、～の例となる
351 □	expedite [ékspədàit]	〔動〕～を急送する、～を発送する、～を促進する、～を迅速に処理する 〔形〕急速な、迅速な、邪魔されない

352 □	explicit	〔形〕明確な、はっきりと表現された (= clear; obvious)、率直な、あからさまな ⇔ implicit〔形〕暗黙の
353 □	extend one's appreciation	感謝の意を示す
354 □	eye-opener	〔名〕目をみはるような出来事、目の覚めるような経験

F

355 □	facilitation	〔名〕容易にすること、簡易化、促進
356 □	fad	〔名〕一時的な流行、気まぐれ、物好き
357 □	fall short of doing	～するまでには至らない
358 □	falsify [fɔ́ːlsifài]	〔動〕～に不正に手を加える、～を偽造する、～を歪曲する
359 □	far-flung part of the world	（世界の）遠く離れた地域
360 □	faux pas	《仏》（恥ずかしい）過ち、無作法、エチケット違反
361 □	feat	〔名〕偉業 accomplish a feat（偉業を達成する）
362 □	feel at home	くつろぐ、心が休まる You're our special guest. Please feel at home. （あなたは特別なお客様です。どうぞ、くつろいでください。）
363 □	feel (～) in one's bones	（～と）直感する［ピンとくる、確信する］《that》 I'm feeling it in my bones that my stock is going to crash. （私の持っている株が暴落すると直感しています。）

364 □	feel pinched [feel the pinch]	お金に困る、経済的苦境に陥る Consumers are feeling pinched as the cost of living keeps rising. （消費者は、生活コスト上昇のために経済的な苦しさを実感しています。）
365 □	feel up to ～	～（することが）できそうに感じる《doing》 ※通例、否定・条件・疑問文で使う。 Don't feel up to going out tonight? Cancel the engagement. （今夜は、外出したくないんでしょう？約束を取りやめなさいよ。）
366 □	feign	〔動〕～のふりをする、～を装う、見せかける、とぼける
367 □	fend off the danger	危険を食い止める
368 □	fiasco	〔名〕完全な失敗、不面目な結果
369 □	fidgeting	〔名〕そわそわすること
370 □	fill out the application form	申込書に必要事項を記入する
371 □	fill the role of ～	～の役割を果たす
372 □	first thing tomorrow	明日一番で

373	first things first	まず大事なことから、 まず最初にやるべきことを最初に
374	fish for compliments	褒めてほしそうに振る舞う
375	fish out of water	場違いな人、陸（おか）へ上がったカッパ I wish. I'm more like a fish out of water. （そうであればいいのですが。居心地の悪さを感じるのです。）
376	fit as a fiddle	とても元気［健康］で、ぴんぴんして
377	flagship	〔名〕《形容詞的に》主要な、代表的な、最も重要な、本店、旗艦、主要船
378	flit from job to job	（次々に）仕事を渡り歩く、 職を転々とする
379	for the next couple of days	これから 2、3 日は
380	for the record	はっきり言って、正式に、記録のために、 記録を残すために
381	forestall [fɔːrstɔ́ːl]	〔動〕～を未然に防ぐ、～に先手を打つ、（価格つり上げのために）～を買い占める
382	forgery	〔名〕偽造（品）、模造品、偽造罪

383 □	fork over [out] money	お金をしぶしぶ支払う (= cough up money; shell out money)
384 □	fraught	〔形〕不安な、緊張した、ストレスの多い
385 □	frayed [fréid]	〔形〕ほつれた、すり切れた、 いらいらした、極度に緊張した、 おびえて
386 □	friendly banter	友達同士の冗談
387 □	from scratch	ゼロから
388 □	fundraising event	募金イベント、資金集めの行事
389 □	fussy [fʌ́si]	〔形〕(細かなことに) うるさい、 気難しい、神経質な、凝った

G

CD-1 Track.7

390 □ **gaffe** 〔名〕（人前での）失敗［失態、失言］

391 □ **gambit** 〔名〕策略、作戦

392 □ **game plan**

行動計画

There isn't a simple game plan as far as the future of the new company is concerned.
（新しい会社の将来に関して言えば、単純な行動計画などありません。）

393 □ **gargantuan**

〔形〕巨大な、とてつもなく多い

※ Gargantua はフランスの作家 Rabelais の風刺小説 Gargantua and Pantagruel（『ガルガンチュアとパンタグリュエル』）に出てくる、巨人で大食漢の王様の名前。食べ物に関連して gargantuan meal や gargantuan appetite のように使うことが多い。

394 □ **gateway to success** 登竜門

395 □ **gear up for ～**

～に対して準備する

The United States is gearing up for what may be the last major American-run offensive of the war—a bid to secure the approaches to Kabul.
（米国は、〈アフガン〉戦争で最後となるかもしれない米国主導の大規模攻撃に向け、首都カブールへの進入経路を確保しようとするなど準備態勢に入っている。 AP 4/18/2012）

bid〔名〕企て、努力、試み

396 □ **Gemini** 〔名〕双子座（= the Twins）

397 □	get [feel; have] butterflies in one's stomach	（緊張で）落ち着かない、そわそわする
398 □	get a bad rap	酷評される Diesel vehicles used to get a bad rap for being noisy, dirty and slow, but they have been getting an image makeover thanks to "clean diesel" that emits less pollution. （ディーゼル車はかつて、うるさくて汚くて遅いと酷評されたものだが、排ガス量が少ない「クリーンディーゼル」のおかげでイメージが刷新されつつある。 The Daily Yomiuri 2/6/2012） rap〔名〕非難、叱責 makeover〔名〕改造、作り直し
399 □	get a bang out of ～	～から元気をもらう I really got a bang out of the letter you gave me. （あなたの手紙にはホントに元気をもらったよ。） I always get a bang out of Robin's sense of humor. （私はロビンのユーモアのセンスにいつも元気をもらうのよね。）
400 □	get a handle on ～	《口》～をよく理解する、～を管理する
401 □	get acculturated	異文化に慣れる、異文化に適応する
402 □	get ahead of the times	時代の先を行く

403 □	get behind ～	～を支持する The United States said Syrian President Bashar Assad was losing control of his country and urged Russia and the international community to get behind a political transition plan to avert civil war. （米国は、シリアのバッシャール・アサド大統領は自国の統制を失いつつあると指摘し、ロシアと国際社会に対し、内戦を回避するために政治的な移行計画を支持するべきだと訴えた。 Reuters 7/20/2012）
404 □	get bogged down in the work	仕事が忙しくて身動きが取れない bog [bɑ́g; bɔ́g]〔動〕～を動きが取れなくさせる bog-bogged-bogged-bogging
405 □	get cracking	（仕事などを）さっさと始める、急ぐ Following the release of the Nuclear Regulation Authority's disaster countermeasures guidelines, local governments will get cracking on compiling their own disaster management plans. （原子力規制委員会の災害対策指針の発表を受けて、地方自治体は地域防災計画の作成を急ぐことになる。 The Daily Yomiuri 11/1/2012）
406 □	get down to brass tacks	《口》（問題の）核心に入る、肝心なことに触れる
407 □	get hitched	《口》結婚する
408 □	get one's goat	～を怒らせる、イライラさせる ※昔、やぎが厩舎（きゅうしゃ）の馬を静める役目であり、そのやぎを取ると馬が怒ってしまうからという説も。

409 □	**get out of hand**	手に負えなくなる、収拾がつかなくなる
410 □	**get someone's message across**	（人）のメッセージを伝える、 （人）の考えを理解させる
411 □	**get the creative juices flowing**	創造力を呼び覚ます
412 □	**get the hang of ～**	《口》～のコツをつかむ、～に慣れる
413 □	**get the jitters**	不安で神経過敏になる I'm getting the jitters. What if I fall? （不安で神経過敏になってきた。落ちたらどうしよう？）
414 □	**get the most out of ～**	～を最大限に生かす［活用する］
415 □	**get things under way**	物事を進行させる It's so nice to finally meet you. We've exchanged emails from time to time but now we look forward to working with you more closely as we get things under way here. （やっとお会いできて、とてもうれしいです。私たちはこれまで時々メールのやり取りをしてきましたが、これからは、あなたともっと緊密に協力し合いながら、ここで一緒に業務を始めていくのが楽しみです。） exchange emails（メールのやり取りをする） from time to time（時々）

416 □	get tongue-tied	口が利けなくなる、口ごもる
417 □	gimmick	〔名〕宣伝のための妙案、PR 戦術、からくり、仕掛け、いかさま 〔動〕（売上げなどのために）〜に細工を加える
418 □	give someone a heads-up	《口》（人）に警告する、（人）に知らせる
419 □	give the green light to 〜	〜にゴーサインを出す、〜に許可を与える
420 □	give the thumbs-up to 〜	《口》〜を承認する、〜に賛成する Many teachers are also giving the thumbs-up to e-books. （多くの教師も電子書籍の使用に賛成しています。）
421 □	glacial pace	ゆっくりした速度、遅々として進まないペース The glacial pace of the recovery has probably caused more damage than the recession itself. （景気回復のスピードが非常に遅いことによるダメージは、おそらく不況そのもののダメージより大きかったのでしょう。）
422 □	glaring	〔形〕（誤りなどが）明白な [紛れもない、ひどい]
423 □	glitch	〔名〕技術上の欠陥、故障、誤作動 (= a sudden, usually temporary malfunction)

424 □	gloat over the victory	勝利に微笑む・勝ち誇る
425 □	gloss over the failure	失敗を隠す・ごまかす
426 □	go a long way toward ～	～に大いに役立つ
427 □	go cold turkey	《口》いきなり［きっぱりと］やめる
428 □	go for the hard sell	強引な売り込み［販売］方法を取る
429 □	go grab ～	～を飲みに行く［食べに行く］ Let's go grab a cup of coffee and dry off. （コーヒーでも飲んで〈服を〉乾かしましょう。） dry off（〈拭いて〉乾かす）
430 □	go out for a bite	《口》食事に出かける
431 □	go places	《口》成功する、出世する
432 □	go south	《米》《口》とても悪くなる、ひどく下がる［落ちる］
433 □	go the way of the dodo	絶滅［消滅］する、廃れる

434	□ go to town	思い切りやる、大いに金を使う China's top newspaper went to town with a 55-page online picture spread of North Korean leader Kim Jong Un being named "Sexiest Man Alive for 2012." (中国最大の新聞は電子版で、〈米風刺メディアの記事通りに〉北朝鮮指導者・金正恩氏が「今年最もセクシーな男性」に選ばれたとして、写真 55 枚とともに大々的に取り上げた。 Reuters 11/29/2012)
435	□ gobble up	ガツガツ食べる
436	□ gobbledygook	〔名〕難解な [もったいぶった] 言葉遣い
437	□ go-getter	〔名〕がんばり屋、やり手、野心家 You're a real go-getter! (あなたはすごいがんばり屋なのですね。)
438	□ go-it-alone	〔形〕単独で行う、自力で行う Israel's "go-it-alone" option to attack Iran's nuclear sites has set the Middle East on edge and unsettled its main ally at the height of a U.S. presidential election campaign. (イラン核施設への攻撃を単独でも行うことも排除しないイスラエルの姿勢は、中東に緊張をもたらし、大統領選真っ最中の主要同盟国・米国でも波紋を広げている。 Reuters 10/2/2012)
439	□ gooey	〔形〕ネバネバした

440 □ goof off	（授業中にマンガを読んだり、仕事を怠けておしゃべりをして）サボる Victor is always goofing off, going to a coffee shop and taking a really long break, when he should be working. （ビクターは仕事中だというのに、喫茶店に行って本当に長い休憩時間をとって、サボってばかりいる。）
441 □ greenhorn	〔名〕《口》未熟者、初心者
442 □ grievance	〔名〕苦情、不平
443 □ grudge against ～	～に対する恨み [嫌悪 ; わだかまり]
444 □ guerdon	〔名〕報い、報酬

H

445 □	haggle	〔名〕値切ること、押し問答、論争 〔動〕値切る、けちをつける、言い争う、～を切り刻む、 （…にかけあって）～を値切る
446 □	hail from Tokyo	東京出身である
447 □	hammer home	力説する、訴える
448 □	hammer out an agreement	合意に達する
449 □	hamper	〔名〕洗濯物入れ、バスケット I pulled my blue T-shirts out of the hamper. （ブルーのＴシャツを洗濯物入れから引っ張り出した。）
450 □	handpicked	〔形〕厳選した、手で摘んだ
451 □	handyman	〔名〕便利屋さん、修理屋さん
452 □	hang by a hair [thread]	（命・運命などが）非常に危ない・危機に瀕している
453 □	hangout	〔名〕《口》行きつけの場所、たまり場
454 □	Hanukah [hɑ́:nəkə]	〔名〕ハヌカー（ユダヤ教の休日）

455 □	hark back to my childhood	子供の頃を思い出す
456 □	harried	〔形〕苦しんでいる、苦境にある
457 □	have brain freeze	（冷たいものを食べて）頭がキーンとする
458 □	have a blast	《口》大いに楽しむ
459 □	have a green thumb	園芸の才がある
460 □	have a lot on one's plate	やることがたくさんある
461 □	have got a bright future ahead of one	前途洋々である
462 □	have hard feelings	恨み［わだかまり］を持つ
463 □	have little regard for ～	～にほとんど配慮しない、 ～をほとんど気にかけない

464 □	have no say	発言権がない Suu Kyi and other opposition candidates would have almost no say even if they win all the seats they are contesting. （〈アウン・サン・〉スー・チー氏とほかの野党候補者は、たとえ争っているすべての議席を手にしたとしても、ほとんど発言権がない。AP 4/2/2012） say〔名〕発言権
465 □	heave	〔動〕～を力を入れて持ち上げる、～を持ち上げて放り投げる、～を綱で引き寄せる、うねる、吐く 〔名〕持ち上げること、隆起、上下動、《地学》水平傾斜移動
466 □	help someone out	（人）の力になって（困難から）抜け出させてやる
467 □	hen-pecked husband	奥さんに頭が上がらないダンナ（雌鶏につつかれている夫） Tom is a typical hen-pecked husband. （トムは奥さんに頭が上がらないダンナの典型です。）
468 □	herbivore	〔名〕草食動物
469 □	high winds	強風
470 □	highlighter	〔名〕蛍光ペン

471 □ **high-profile**

〔形〕注目を集めている、
脚光を浴びている、卓越した

472 □ **high-stakes**

〔形〕いちかばちかの、命運を懸けた

Obama and Romney clashed over taxes, deficits and how to revive the U.S. economy as they shared the stage for the first time in a high-stakes debate.
（オバマ大統領とロムニー氏は、１回目の、命運を懸けた討論の会場に共に登場し、税金や財政赤字、米経済をいかに再生するかなどで衝突した。 AP 10/5/2012）

473 □ **hit the nail right on the head**

的を射たことを言う、図星である、
核心を突く

474 □ **hit the sack**

《口》寝る、ベッドに入る

475 □ **hoard**

〔名〕貯蔵、蓄え
〔動〕（～を）蓄える

476 □ **hoax**
[hóuks]

〔名〕人をかつぐこと、いたずら、
悪ふざけ
〔動〕～をかつぐ、～に一杯くわせる

477 □ **hog**

〔動〕《口》～を独り占めする

478 □ **hole in the wall**

狭苦しいところ、薄暗いところ

※直訳すると、「壁の穴」。

It's just a hole in the wall, but they've got the best pasta in town.
（ただの狭苦しいところですが、町一番のパスタを出すんですよ。）

479 □	homestead	〔動〕入植する
480 □	hook someone up with ～	《口》（人）を～と組ませる、 （人）に～を紹介する
481 □	horsefeathers	〔名〕《俗》たわ言、くだらないこと
482 □	how to go about ～	～の始め方、～にどう取りかかるのか

I

CD-1 Track.9

483 □	I have my area of expertise.	私にも得意なものはある。
484 □	I will manage it somehow.	なんとかしておきましょう。
485 □	identify the victims	犠牲者の身元を確認する
486 □	identify with ～	～に共感する、～に自分を重ね合わせる
487 □	if I understand correctly	私の理解が正しければ
488 □	I'll eat my hat if ～	～のことは絶対にない、 ～なんてことがあるものか
489 □	I'm game!	私、行きます [参加します・やります]。 be game（やる気がある、乗り気な）
490 □	imminent	〔形〕(危険などが) 今にも起こりそうな・差し迫った
491 □	immune	〔形〕免疫のある、 （義務・税などを）免れた、 影響を受けない

492 **impasse**
[ímpæs; impǽs]

〔名〕袋小路、行き詰まり、難局、膠着状態

International envoy Lakhdar Brahimi said he was crafting a new plan that he hoped could break the impasse, but refused to give details.
(〈シリア問題をめぐる〉国際社会の特使であるラクダル・ブラヒミ氏は、難局を打開できればと願って新たな計画を立てていると述べたが、詳細を明らかにすることは拒んだ。
AP 9/26/2012)

craft〔動〕(手作業で)～を作る

---

493 **impending**

〔形〕差し迫った、今にも起こりそうな

---

494 **imperative**

〔形〕必須の、避けられない、緊急の、命令的な、断固とした
〔名〕命令、義務

---

495 **impermanence**

〔名〕無常

impermanent〔形〕永続しない、一時的な、はかない

---

496 **impetus**

〔名〕弾み、勢い、起動力(= momentum)、衝動

give [add] impetus to ～(～に弾みをつける)

---

497 **implication**

〔名〕意義、内包、含意

---

498 **in a bid to ～**

～しようと、～する目的で

499 □	in a catch-22 situation	八方ふさがりで、 どうにも動きの取れない状況で ※ 1961 年にジョーゼフ・ヘラーが発表した小説 Catch-22『キャッチ =22』から。
500 □	in a jiffy	すぐに ※日常的表現。
501 □	in an objective manner	客観的に
502 □	in circles	ぐるぐると、むだに
503 □	in conjunction with ～	～と同時に、～と合同して、 ～と関連して (= together with ～)
504 □	in control	制御して、管理して、主導権を持って、 掌握している
505 □	in fairness to ～	～に公正を期して
506 □	in large part	ひとえに、主に
507 □	in line with ～	～に従って
508 □	in my humble opinion	私見 [卑見] によれば、 私に言わせていただければ

509 □ **in one's own right**

当然の資格がある

India's government has hailed the Agni-V missile as a major boost to its efforts to counter China's regional dominance and become an Asian power in its own right.
（インド政府はミサイル「アグニ 5」を、中国の地域支配に対抗し、アジアの強国として当然の資格を持つ国になるための取り組みを大きく後押しするものだと自賛した。 AP 4/20/2012）

510 □ **in someone's book**

（人）によれば、（人）に言わせれば

511 □ **in someone's shoes**

（人）の立場になって

put oneself in someone's shoes
（〈人〉の立場に身を置く）

cf. fill someone's shoes
（〈人〉の責任［役目］を引き継ぐ、〈人〉の後釜に座る）

512 □ **in that sense**

その意味では、そういった意味では

513 □ **in the air**

漂って

514 □ **in the blink of an eye**

ほんの一瞬のうちに、瞬く間に

515 □ **in the heart of ～**

～の中心地、～の真ん中で

516 □ **in the pink**

絶好調で

Following the recession, the economy isn't in the pink.
（不況の後、景気は絶好調ではない。）

517 □	in the stars	運命で決められていて
518 □	in the teeth of ～	～にもかかわらず ※都合の悪い物事、危険、牙をむいて襲ってくるものなどと「向かい合う」状態を意味する。 Hirai will have to restructure the firm in the teeth of an extremely difficult business climate. （平井氏は、非常に厳しい経営環境の中で、会社を再建しなければならない。 AJW 2/18/2012）
519 □	in the wake of ～	～の後で、～の結果として
520 □	incessant	〔形〕絶え間のない、ひっきりなしの
521 □	inclement	〔形〕（天候が）荒れ模様の (= weather which is unpleasant; especially cold or stormy)、過酷な、冷酷な
522 □	incur	〔動〕～を負う、～をこうむる、 （怒り、危険など）を招く
523 □	in-depth	〔形〕深遠な、詳細な、徹底的な
524 □	ineligible	〔形〕資格のない、不適当な ⇔ eligible〔形〕資格のある、適格な
525 □	infectious disease	感染症 (= infection)
526 □	infer	〔動〕～を推察 [推測] する、 （結論）を推定する

527 □	**in-flight meal**	機内の食事
528 □	**infuse**	〔動〕～を吹き込む、～を注入する、 ～に影響を与える、～を持ち込む、 （お茶など）を煎じる
529 □	**inhibition**	〔名〕自制心、抑制、阻止、禁止
530 □	**inland sea**	内海
531 □	**in-person**	〔形〕対面の、直接の、生出演の
532 □	**insolvent**	〔形〕支払能力がない、破産した (= unable to pay debts; bankrupt) 〔名〕支払い不能者
533 □	**insomnia**	〔名〕不眠（症）
534 □	**insurer**	〔名〕保険者
535 □	**intangible**	〔形〕触れることのできない、 実体のない、つかみどころのない、 不可解な 〔名〕無形資産
536 □	**interactive**	〔形〕対話式の、双方向の、 相互に作用する

537 □	**interim**	〔形〕仮の、暫定的な、中間の 〔名〕その間、当座の間 (= until a particular event happens)
538 □	**Internet connectivity**	インターネット接続（性）
539 □	**intersection**	〔名〕交差点
540 □	**inundate** [ínʌndèit; ínəndèit]	〔動〕～にどっと押し寄せる、 ～に殺到する、～で充満する、 ～が氾濫する、～を水浸しにする
541 □	**invigorate** [invígərèit]	〔動〕～を活性化させる、 ～を活気づける、～を励ます、 ～を刺激する
542 □	**invocation** [ìnvəkéiʃən]	〔名〕祈とう、祈り
543 □	**invocatory**	〔形〕祈願の
544 □	**invoke**	〔動〕～を発動する、～を実施する、 ～を呼び起こす、～を祈願する、 ～を起動する
545 □	**Iron Buddha**	鉄観音茶
546 □	**iron out differences**	相違点を解消する・取り除く

J

CD-1 Track.10

547 □ **jack-of-all-trades**

〔名〕多芸の人、何でも屋、よろず屋

Takeshi Kitano, a jack-of-all-trades also known as Beat Takeshi, will hold the first showing of his artwork in Japan.
(〈お笑い芸人や映画監督など〉多芸で知られる北野武〈ビートたけし〉さんが、自身の芸術作品を集めた個展を日本で初めて開く。
AJW 4/28/2012)

548 □ **janitor**

〔名〕清掃員、用務員、管理人、門衛

549 □ **jazz up the living room**

リビングをきれいにする、活気づける

550 □ **jet-set**

〔名〕(ジェット機を乗り回して)旅行する程の金を持ち合わせた人

The Isetan Haneda Store hopes to draw sales from the jet-set pack who depart from Tokyo's gateway airport.
(〈三越伊勢丹ホールディングスの小型店〉「イセタン ハネダ ストア」は、東京の玄関空港を出発する、お金を持った旅行者から売り上げを引き出すことに期待している。 AJW 3/24/2012)

551 □ **jimmy**

〔動〕~を鉄梃でこじ開ける

※もとは泥棒の道具の隠語。 James の愛称である Jemmy(=Jimmy) から。

552 □ **jostle for ～**

～を争う

China's political elite in the Communist Party's Central Committee are expected to jostle for leadership roles in their last formal meeting.
（中国共産党中央委員会の政治エリートらは、〈党大会前に〉最後となる公式会議〈第７回総会〉で、指導的地位を争うことが予想される。AFP-Jiji 11/2/2012）

553 □ **jot down my ideas**

考えをメモに書き留める

554 □ **jump on the bandwagon**

時流に乗る、優勢な側につく

Five lawmakers have pledged to jump on Osaka Mayor Toru Hashimoto's national bandwagon.
（5人の国会議員は、橋下徹・大阪市長が新たに立ち上げる国政新党に参加する意向を固めた。AJW 9/8/2012）

bandwagon〔名〕（行列の先頭に立つ）楽隊車

555 □ **jump out of one's skin**

びっくりして跳び上がる、腰を抜かす

I nearly jumped out of my skin!
（もう少しで跳び上がるところでした！）

I nearly ～ .（もう少しで～するところでした。）
※動詞の過去形を用いる。

K

CD-1 Track.11

556 □	keep abreast with ～	～に後れないようにする
557 □	keep afloat	倒産せずに持ちこたえている、 沈まずに浮かんでいる Tokyo Electric Power Co. has been kept afloat to pay compensation. （東京電力は〈原発被害者への〉賠償責任を負うために、〈政府に〉生かされている。 AJW 8/25/2012）
558 □	keep an eye out for ～	～を見逃さないようにする
559 □	keep in mind ～	～を肝に銘じる
560 □	keep on top of ～	～を把握 [掌握] し続ける
561 □	keep one's head above water	何とかしのいでいる、 （借金をせずに）どうにかやっていく
562 □	keep things in perspective	物事を大局的にとらえる、 物事に対してバランスの取れた見方をする
563 □	keep track of ～	～の動向を把握している、 ～について常に知っている
564 □	keep true to ～	～に忠実であり続ける、 ～を忠実に守り続ける

565 □ **keep up with the competition**

競争に遅れずについていく

566 □ **knock one's socks off**

～の度肝を抜く、～を感動させる

You knocked my socks off!
（度肝を抜かれました！）

※驚きの表現。「はいているソックスがさっと脱げてしまうほどの衝撃・感動がある」という意味で、ソックスをはいていないときにも使える。カジュアルで威勢のいい口語表現。

567 □ **knock something [someone] off [out of] kilter**

～の調子を悪くする、
～を曲げる［傾ける］

568 □ **knock together**

～を急いで組み立てる、
（料理など）を急いで作る

569 □ **kudos to ～**

～に対する称賛

L

CD-1 Track.12

570 □	lack follow-through	詰めが甘い It soon turned out that Ben lacks follow-through. （ベンは詰めが甘いことがすぐにばれてしまいました。） turn out（わかる） lack〔動〕～が不足する
571 □	lackluster	〔形〕ぱっとしない、輝きがない
572 □	lag behind ～	～に後れをとる
573 □	lame excuse	へたな言い方
574 □	late-night carousing	深夜に飲んで騒ぐこと
575 □	laughingstock	〔名〕笑いもの、物笑いの種 I thought I'd be the laughingstock of the office. （私は社内で物笑いの種になるだろうと思っていました。）
576 □	lavish	〔動〕～を惜しみなく与える 〔形〕気前のよい North Korea's state media have repeatedly lavished praise on Kim Jong Un as his father's successor. （北朝鮮の国営メディアは、金正恩氏が父親〈金正日総書記〉の後継者だと繰り返し称賛した。AJW 3/11/2012）

577 □	lay bare ～	～をむき出しにする I hope for more dialogue, where both sides lay bare their own pain. (〈日本と中国の〉双方が、もっと対話することを望みたい。対話の中で、両国はもっとお互いの痛みをさらけ出すべきだ。 AJW 10/6/2012)
578 □	layman	〔名〕一般の人
579 □	layover	〔名〕途中下車、 （乗り継ぎの）待ち時間
580 □	lead a dog's life	苦労の多い [惨めな] 生活を送る
581 □	lead someone down [up] the garden path	（人）をだます [惑わす]
582 □	leapfrog	〔動〕～を飛び越す、馬跳びをする Prince William's wife is pregnant, and the couple's first child will be third in line to take the throne—leapfrogging Prince Harry. (〈英王室の〉ウィリアム王子の妻が妊娠し、夫妻の第 1 子はヘンリー王子を一気に飛び越えて、王位継承順位 3 位につくことになった。 AP 12/5/2012)
583 □	learning curve	学習曲線
584 □	learning organization	学習する組織

585 □	leave ～ in someone's hands	（人）に～を任せる
586 □	leave no stone unturned	あらゆる手段を尽くす、 とことん調査する
587 □	leave out	（文字など）を省く［落とす］
588 □	legible	〔形〕読みやすい、判読できる My grandpa loves his e-reader because he can enlarge the text to a more legible size. （文字を読みやすい大きさに拡大できるので、私の祖父は電子書籍リーダーが大好きです。）
589 □	leniency	〔名〕寛大さ
590 □	Leo	〔名〕獅子座（= the Lion）
591 □	let off steam and de-stress	ガス抜きをしてストレスを解消する、 うっぷんを晴らしてストレスをなくす Taking time off isn't just a good way to let off steam and de-stress. It's also a great way to recharge your creative batteries. It's like switching to another channel on your mental TV. （休みを取ることは、ガス抜きをしてストレスを発散するよい方法である、というだけではないのです。それはまた、創造力を回復するすばらしい方法でもあります。頭の中にあるテレビのチャンネルを変えるようなものですね。）

592 □	**let the cat out of the bag**	**秘密をばらす** I was afraid someone would let the cat out of the bag. （誰かが秘密をばらすのではと心配していたんだ。）
593 □	**Libra**	〔名〕**天秤座**（= the Scales; the Balance）
594 □	**life-changing experience**	**人生を変えるような経験** It could be a life-changing experience for both of you. （お二人にとって、人生を変えるような経験になるかもしれませんね。）
595 □	**lifestyle-related disease**	**生活習慣病** Living like this, you may get a lifestyle-related disease one day. （そんな生活をしていると、君はいつか生活習慣病になるかもしれないよ。）
596 □	**life-threatening**	〔形〕**命を脅かすような**
597 □	**like it or not**	**好むと好まざるとにかかわらず、いやが応でも**
598 □	**live beyond one's means**	**分を超えた生き方をする** ⇔ live within one's means （分に合った生き方をする） He is always in debt because he lives beyond his means. （彼は分を超えた生活をするから、いつも借金漬けだ。）

599 □	live down the scandal	スキャンダルを切り抜ける
600 □	live up to ～	～の期待に応える
601 □	LOL (lol)	laughing out loud（大笑いだ）の略
602 □	long-cherished dream	長年の夢
603 □	look it over	それに目を通す cf. look over it （それを見晴らす、それを見落とす）
604 □	look on the bright side	（物事・状況の）明るい面を見る Look on the bright side, Jack. （物事の明るい面を見てください、ジャック。）
605 □	lose face	面目を失う、恥をかく ※アジア的なニュアンス。中国語の表現を英訳したもの。 I'm going to lose face. （私は面目を失うことになる。）
606 □	lose one's cool	キレる The boss lost his cool at the mistake Ken made. （ケンがミスをしてボスがキレた。） cf. lose one's temper（かんしゃくを起こす）

607 □ **lukewarm**

〔形〕生ぬるい、気乗りしない、不熱心な

North Korea got a lukewarm reception to a plea for investment in two special economic zones set up with China.
（北朝鮮は、中国と設置した二つの経済特区への投資を呼びかけたが、反応はいまひとつだった。 Reuters 9/27/2012）

special economic zone（経済特区）

---

608 □ **Lyra**

〔名〕こと座

M

609 □	magnetic force	磁力
610 □	make a beeline for ～	《口》～へ一直線に向かう、 ～に飛んでいく
611 □	make a difference	よりよくする、違いを生む、重要である、左右する
612 □	make a fool out of oneself	バカなことをする、恥をかく
613 □	make a pitch for ～	（自分）を売り込む・宣伝する、 ～を得ようと努力する More and more high school and other amateur Japanese baseball players are expected to make a pitch for the major leagues in the United States. （米国の大リーグ入りを志望する日本の高校生やアマチュア野球選手は、ますます増加するとみられている。 The Daily Yomiuri 10/23/2012）
614 □	make all the difference	状況がすっかり変わる
615 □	make extensive use of ～	～を幅広く利用する
616 □	make no bones about ～	～について単刀直入に話す、 ～について隠し立てしない Ichiro Ozawa made no bones about his opposition to raising the tax from the current 5 percent. （〈民主党の〉小沢一郎氏は、現行5%の〈消費〉税率を引き上げることに反対姿勢を鮮明にした。 AJW 3/11/2012）

617 □	make no difference	違いがない、重要でない
618 □	make the leap	飛躍する When Aung San Suu Kyi was released in late 2010, few could have imagined she would so quickly make the leap from democracy advocate to elected official. （アウン・サン・スー・チーさんが解放された2010年の終わり頃、彼女がこれほどまで早く、民主化提唱者から、選出された公職者へ飛躍を果たすと想像できた人はほとんどいなかった。AP 4/3/2012）
619 □	malfunction	〔名〕不調、機能不全、誤作動、故障
620 □	maven	〔名〕《米》《口》（あることに）とても詳しい人、通
621 □	mean well	悪気はない
622 □	measures	〔名〕対策、措置
623 □	mediocre	〔形〕よくも悪くもない、並の、二流の
624 □	meet a new challenge head-on	新たな難題に真正面から取り組む Thanks for your encouraging words. I know I've got to take the bull by the horns and meet these new challenges head-on. （励ましのおことばを、ありがとうございます。困難なことにも敢然と立ち向かい、こうした新たなチャレンジに真正面から取り組まなければならないのですね。）

625 □	mental logjam	精神的な行き詰まり
626 □	mentor-protégé [próutəʒèi] relationship	指導者と教え子の関係
627 □	mess up	しくじる、失敗する、間違える
628 □	middle-aged and senior citizens	中高年層
629 □	might well be ～	たぶん～だろう I think my wife and I might well be up for a voluntourism sometime in the not-too-distant future. （妻と私はおそらく、そう遠くない将来、ボランティア旅行をしたくなるだろうと思いますよ。） not-too-distant future （そう遠くない将来、近い将来）
630 □	military service	軍役、軍務
631 □	mill around the house	家の中をうろつく
632 □	misanthropy	〔名〕人間嫌い、人間嫌悪
633 □	misconstrue	〔動〕～を誤解する

634 □	missionary	〔名〕伝道師、使節、指導者 〔形〕伝道の
635 □	misstep	〔名〕《米》失敗、過ち
636 □	mole	〔名〕ほくろ
637 □	monastery	〔名〕修道院、僧院、精舎
638 □	monkey business	いんちき
639 □	mop-up	〔名〕総仕上げ、締めくくり Front-runner Mitt Romney edged into the mop-up phase of the Republican race to challenge President Barack Obama. （〈米大統領選の共和党候補指名争いで〉最有力候補のミット・ロムニー氏は、バラク・オバマ大統領に挑む共和党の選挙戦で総仕上げの段階に近づいた。 AP 3/30/2012） edge into ～（～にじりじり進む）
640 □	morning sickness	（つわりの時の）朝のはき気
641 □	mosey on over to ～	ぶらぶらと～まで行く
642 □	motive force	原動力
643 □	move heaven and earth (to do)	（～するために）全力を尽くす ［できるだけの努力をする］

644 □	move someone to tears	（人）の涙を誘う、 涙が出るほど（人）を感動させる
645 □	move within earshot	聞こえるところに移る
646 □	muck-raking	〔名〕汚職やスキャンダルを暴露すること、あら探し He became famous for his muck-raking reports. （彼は特ダネ記者として名を馳せた。） People consider politicians fair game for muck-raking. （人はみんな、政治家はあら探しをされる格好の的だと考えています。）
647 □	mull over the issue	その問題をじっくり考える
648 □	multilingual	〔形〕多言語を話せる、多言語を扱う
649 □	municipal	〔形〕市営・町営の
650 □	mushroom with each passing week	週を追うごとに膨れ上がる
651 □	music to one's ears	聞いてうれしい話 It's a snow day? That's music to my ears! （大雪〈で学校がお休み〉？ うれしい！） ※音楽を聴くと心が弾むことから生まれたイディオム。

652 □	**nail-biting**	〔形〕はらはらさせる、心配させる Americans headed to the polls after last-minute campaigning by U.S. President Barack Obama and Mitt Romney in a nail-biting contest. （バラク・オバマ大統領とミット・ロムニー氏の選挙戦ははらはらするような争いとなってきたが、米国民は最後の選挙運動を見届けると投票所に向かった。 AFP-Jiji 11/7/2012）
653 □	**name recognition**	知名度
654 □	**narrow down the target**	ターゲットを絞り込む
655 □	**national health insurance**	国民健康保険
656 □	**nauseous** [nɔ́:ʃes; nɔ́:ziəs]	〔形〕吐き気を催した
657 □	**neck and neck (with)**	（～と）（競技で）競い合って、互角に The two runners were neck and neck until the last twenty meters. （2 人の走者は最後の 20 メートルまで互角だった。）
658 □	**neck of the woods**	界隈、地域、近辺 ※もとは森林の中の集落を意味した。

659 □ **nerdy**

〔形〕《口》さえない、ださい、まぬけな

660 □ **new kid on the block**

《口》新人、新入り

That's understandable. It's never easy being the new kid on the block. But we're all in the same boat really, since none of us have worked together as one team before.
（それは無理もありませんよ。新顔の立場というのは、決して楽ではありませんからね。とはいえ、私たちはみんな、今まで１つのチームで一緒に働いたことがないので、実際のところ、全員が同じ立場です。）

be in the same boat
（同じ境遇にある、運命を共にしている）

661 □ **no end**

《口》非常に、とても

662 □ **no-brainer**

〔名〕《口》簡単なこと

663 □ **nod one's head to ～**

～に軽く会釈する

664 □ **no-no**

〔名〕《口》やってはいけないこと、
許されないこと

665 □ **norm**

〔名〕普通のこと、当たり前のこと

666 □ **not a day passes without ～**

～しない日は一日もない

Not a day passes without remembering them, and my heart aches.
（〈大震災の被災者の方々に〉思いをはせない日は一日もなく、心が痛みます。
AJW 12/22/2012）

667 □	**not do ～ justice**	**～のよさが出ない、～が損をする** Don't get me wrong, but that color doesn't do you justice. （誤解しないでね、ただ、その色だとあなたのよさが出ない。）
668 □	**not to sweat the small stuff**	**《米》《口》小さなことでくよくよしない**
669 □	**notch**	**〔名〕段階、程度、刻み目** Moody's Investors Service lowered the Spanish government's credit rating, which leaves it in investment-grade status but just one notch above junk. （〈米格付け会社〉ムーディーズ・インベスターズ・サービスは、スペイン国債の格付けを引き下げた。これにより同国債は、投資適格の範囲内ではあるが投機的水準のわずか１段階上となった。AP 6/15/2012）
670 □	**numb**	**〔動〕（痛みなど）をマヒさせる・鈍らせる**

O

CD-1 Track.15

671 □	objective case	（文法の）目的格
672 □	obnoxious	〔形〕とても不愉快な、すごく嫌な
673 □	obnoxious behavior	不愉快な行為、迷惑行為
674 □	observe a minute of silence	1分間黙とうする All participants at a government ceremony commemorating disaster victims observed a minute of silence at 2:46 p.m., the time the earthquake occurred last year. （昨年の地震発生時刻である午後2時46分、政府の震災犠牲者追悼式の参列者全員が1分間の黙とうをささげた。 The Daily Yomiuri 3/12/2012）
675 □	obsolete [ɑ̀bsəlíːt]	〔形〕旧式の、時代遅れの、すたれた （= no longer useful because a better product has been developed） 〔動〕～を時代遅れにさせる、 ～をすたれさせる
676 □	oddball	〔名〕《口》変わり者、はみ出し者
677 □	old codger	《口》じいさん、年寄り
678 □	OMG	Oh, my goodness [gosh]! （なんてこった。）の略

679 □ **omnishambles**

〔名〕《新語》あらゆる面で対処が不適切な様子

Britain's media are in a meltdown and its government is gaffe-prone, so Oxford University Press has chosen an apt Word of the Year: "omnishambles."
（信用失墜した英メディアや、相次ぐ英政府の失策を受け、オックスフォード大学出版局は、今年にふさわしい言葉として「全てがめちゃくちゃな状況」を選んだ。 AP 11/14/2012）

---

680 □ **on the back burner**

後回しで

Put that business talk on the back burner.
（その商談は後回しだ。）

---

681 □ **on the block**

競りに出されて

The diamond was put on the block by the Tokyo Regional Taxation Bureau.
（そのダイヤモンドは、東京国税局によって、競売に出された。 AJW 12/8/2012）

---

682 □ **on the throne**

在位して

---

683 □ **on the tip of one's tongue**

ここまで出かかっていて

---

684 □ **on top of that**

そのうえ、さらに悪いことに

On top of that, I lost my job.
（そのうえ、失業してしまったの。）

---

685 □ **one in a million**

めったにいない人、貴重な人物

686 □	**opaqueness**	〔形〕不透明さ、不明瞭さ With U.S. officials privately expressing concern about China's opaqueness over its growing nuclear weapons program, Obama said he had urged China to join a dialogue on nuclear issues. （中国が進める核開発計画の不透明さについて米政府当局者が非公式に懸念を表明するなか、オバマ米大統領は中国に核問題の対話に加わるよう迫ったと述べた。 Reuters 3/27/2012）
687 □	**open one's wallet**	お金を出す
688 □	**open the floor to ～**	（参加者などから）～を受け付ける
689 □	**opt**	〔動〕選ぶ、選択する （= to choose from a range of possibilities）
690 □	**optimal point**	最適点
691 □	**opulent**	〔形〕富裕な、ぜいたくな、豪勢な
692 □	**orb** [ɔ́rb]	〔名〕球、球体
693 □	**ordeal**	〔名〕試練、苦難、神判
694 □	**out of control**	制御不能、暴走中

695 □	**out of style**	流行遅れ
696 □	**outdo oneself**	これまでよりもよくやる、 今までよりも熱心に取り組む、 努力をする outdo〔動〕～にまさる、～を凌ぐ
697 □	**outspeak**	〔動〕～を言い負かす
698 □	**outstanding** [àutstǽndiŋ]	〔形〕傑出した（= distinguished）、 未払いの、未解決の outstanding debt（未払いの借金）
699 □	**over the course of ～**	～の間に
700 □	**over the years**	長年にわたって、ここ何年もの間に
701 □	**overdo it**	（何かを）やりすぎる
702 □	**oversee**	〔動〕～を監督する、～を監視する
703 □	**overture** [óuvərtʃùər]	〔名〕序曲、前奏曲

P,Q

CD-1 Track.16

704 □	page-turner	〔名〕《口》ページをすぐにめくりたくなるようなおもしろい本 It was a real page-turner for her. （彼女にとっては、本当におもしろい読み物だったのです。）
705 □	pain reliever	鎮痛剤
706 □	pan out well in the end	（計画などが）最後にはうまくいく
707 □	pare down the costs	コストを削減する (= whittle down costs)
708 □	pariah	〔名〕（社会の）のけ者 Myanmar's president announced a major Cabinet reshuffle, a move analysts see as advancing the once-pariah nation's reformist agenda. （ミャンマーの大統領は、かつては〈国際社会で〉のけ者だった国で改革計画を進める動きだと専門家らがみる、大幅な内閣改造を発表した。 AP 8/29/2012） reshuffle〔名〕改造
709 □	pass a vote of no confidence	不信任案を可決する
710 □	passing fad	一時的な流行、一過性の流行

711 □	passive smoking	受動喫煙 Some doctors say that passive smoking is worse than active smoking. （一次喫煙より受動喫煙の方がよくないという医者もいます。） passive〔形〕受身の、受動的な worse than ～（～より悪い） active〔形〕能動的な
712 □	patentee	〔名〕特許権者
713 □	pave the way for ～	～に道を開く
714 □	pay an arm and a leg	(～に)法外な料金[高額]を支払う《for》
715 □	pay heed	注意を向ける （= to pay careful attention〈to what somebody says〉; give heed）
716 □	pay homage [tribute] to ～	～に敬意を表する、～を称える
717 □	pay the price	代償を払う、報いを受ける
718 □	pay up ～	（借金など）を全額返済する
719 □	peace of mind	心のゆとり・平安

720	peer language	タメロ Aren't you a bit too familiar with your boss, talking like that in peer language? （上司にそんなタメ口をきいて、少しなれなれしすぎるんじゃないの？） too familiar（なれなれしすぎな） peer〔名〕同等の立場の人、同僚
721	penitent	〔形〕悔い改めた、後悔している 〔名〕罪を悔いる人、悔悟者
722	pep up the crowd	群衆を活気づける・元気を与える
723	perseverance	〔名〕忍耐力、粘り強さ、固執
724	personality traits	性格の特徴 ※ trait は、ふつう複数形で使われる。
725	pesticide	〔名〕農薬、殺虫剤、除草剤
726	pet peeve	《米》大嫌いなもの、しゃくにさわること
727	peter out in the end	最後には消えてなくなる
728	philanthropic	〔形〕慈善の、慈悲心に富む
729	philanthropy	〔名〕慈善活動、博愛行為

730 □	phoniness	〔名〕まやかし、偽物であること、うそ
731 □	pick someone's brain about ～	～のことで（人）の知恵を借りる、 ～に関して（人）に助言してもらう
732 □	pickled plum	梅干し
733 □	pie in the sky	絵に描いた餅、実現性のないもの ※直訳すると「空に浮かぶパイ」。 Any plan that does not include nuclear energy would be nothing more than a pie-in-the-sky blueprint. （原発を想定しない計画は現実には絵に描いた餅だ。 AJW 5/26/2012）
734 □	Pisces	〔名〕魚座（= the Fishes）
735 □	pitch in	《口》協力する、参加する We're going to pitch in and help with the cleanup that's still going on in the wake of the hurricane. （私たちは、ハリケーンのあと、今も続けられている撤去作業に協力する予定です。） in the wake of ～ （～の結果として、～のあとに）
736 □	placate [pléikeit; pləkéit]	〔動〕～をなだめる、～を慰める、 ～を鎮める（= soothe）
737 □	plaque	〔名〕歯垢

738 □	plausible	〔形〕ありえる、説得力のある、 もっともらしい
739 □	play along	（～に）同意するふりをする、 （～に）協力する（ふりをする）《with》
740 □	play by the book	規則どおりに行う［ふるまう］、 融通が利かない
741 □	play for keeps	真剣に勝負する、本気でやる
742 □	play havoc with ～	～をひどく荒らす、～を打ち壊す、 ～を台無しにする （= make havoc of ～ ; cause havoc with ～ ; wreak havoc on ～） Storm Play Havoc With New York （ハリケーンによりニューヨークに大被害 CNN 10/31/2012）
743 □	play hooky from school	丸一日学校をサボる She plays hooky from school. （彼女はよく学校をサボるんだ。）
744 □	play it by ear	出たとこ勝負 I've never seen Asher prepare his speech. He always plays it by ear. （アシャーがスピーチの準備をするのを見たことがありません。いつも出たとこ勝負です。）
745 □	play it straight	誠実な［正直な］行動を取る、 まじめにやる
746 □	Pleiades star cluster	プレアデス星団

747 □ **plight**

〔名〕（悪い）状態、苦境、窮地

748 □ **plummet**
[plʌ́mət]

〔名〕（釣り糸の）おもり、重圧、急落
〔動〕急激に落ち込む、
（高所から）垂直に落ちる、
（価格などが）急落する

New Democracy and PASOK saw their support plummet to the lowest level since 1974, when Greece emerged from a seven-year dictatorship.
（〈ギリシャ総選挙で〉新民主主義党〈ND〉と全ギリシャ社会主義運動〈PASOK〉への支持は、同国が 7 年間の独裁体制から脱却した 1974 年以来、最低水準にまで急落した。 AP 5/8/2012）

749 □ **pneumonia**
[njumóuniə]

〔名〕肺炎

The first panda cub born at Ueno Zoo in 24 years has died of pneumonia, the Tokyo metropolitan government said. The baby panda was born on July 5.
（東京都は、上野動物園で 24 年ぶりに誕生したパンダの赤ちゃんが肺炎で死んだと発表した。赤ちゃんは今月 5 日に生まれたばかりだった。 The Daily Yomiuri 7/12/2012）

cub〔名〕幼獣

cf. acute pneumonia（急性肺炎）

750 □ **pony up**

《米》《口》（お金・金額）を出す
［支払う、決済する］

751 □ **post-haste**

〔副〕できるだけ急いで

752 □ **potluck party**

ポットラック・パーティー、
食べ物持ち寄り会

753 □	pouring rain	どしゃ降りの雨 It's pouring rain!（どしゃ降りだわ。）
754 □	power [electric] generator	発電機
755 □	power outage	停電（= power blackout, power failure）
756 □	power shortage	電力不足
757 □	power station	発電所（= power plant）
758 □	preach to the choir	（相手にとって）わかりきったことを言う ※「すでに同じ意見の相手を説得しようとする」「余計な世話をやく」ということで、「釈迦に説法」と似たイメージ。 cf. preach to the converted （改宗した人に説教する）
759 □	precipitate	〔動〕～をせきたてる、～を早める、～をまっ逆さまに落とす、早まる、まっ逆さまに落ちる 〔形〕早まった、大急ぎの、まっ逆さまの
760 □	preclude [priklúːd]	〔動〕～を妨げる（= prevent）、～を排除する（= exclude）、～を不可能にする
761 □	precondition	〔名〕前提条件、必須条件

762 □	**prep for ～**	**～対策をする、～に備える**
763 □	**prerequisite for ～**	**～に必須条件の、～に不可欠の** prerequisite〔名〕必須条件 〔形〕必須の、あらかじめ必要な
764 □	**pretext**	**〔名〕口実、弁解** U.S. President Barack Obama's warning over chemical weapons in Syria indicates the West is looking for a pretext for military intervention, a senior Syrian government official said. （シリア政府高官は、シリアの化学兵器に関するバラク・オバマ米大統領の警告は、欧米諸国が〈シリアへの〉軍事介入の口実を探していることを示すものだ、と語った。 AP 8/23/2012）
765 □	**preventive health care**	**予防医療**
766 □	**probation**	**〔名〕試験、検定、保護観察** The man behind the anti-Islam video blamed for sparking protests in the Muslim world was jailed in the U.S. for breaching the terms of his probation for a previous offense. （イスラム世界で抗議デモを引き起こした反イスラムの映像に関与した男が、以前の罪による保護観察中の条件に違反したとして、米国で刑務所に収監された。 AFP-Jiji 11/9/2012）
767 □	**procure**	**〔動〕～を手に入れる、 ～を獲得［調達］する**

768 □ **produce offspring**

子孫を産む

The giant tortoise Lonesome George, whose failed efforts to produce offspring made him a symbol of disappearing species, was found dead Sunday, officials at the Galapagos National Park announced.
（ゾウガメのロンサム・ジョージ〈ひとりぼっちのジョージ〉は、子作りの取り組みが失敗して絶滅危惧種の象徴になっていたが、日曜日、死んでいるのが見つかったとガラパゴス国立公園局が発表した。 AP 6/26/2012）

---

769 □ **profuse**

〔形〕豊富な、おびただしい、
物惜しみない、気前よく与える

---

770 □ **protracted**
[prətrǽktid; proutrǽktid]

〔形〕長い、長引いた
（= extended; prolonged）

---

771 □ **proverbial**

〔形〕ことわざの、評判の、よく知られた

---

772 □ **pull out all the stops to do**

～しようと最大限の努力をする

---

773 □ **pull over at the corner**

その角に車を止める

---

774 □ **pull someone's leg**

《口》（人）をからかう、（人）をかつぐ

---

775 □ **pull through the crisis**

危機を乗り越える

776 □ **pump into ～**

～につぎ込む、～に投入する、～に供給する

Europe's leaders surprised skeptics with a bold plan to pump cash into troubled banks.
(欧州の指導者たちは、〈ブリュッセルでのユーロ圏首脳会議で〉資金を経営難の銀行に注入するという大胆な策をまとめ、懐疑的な論者たちを驚かせた。 AP 7/2/2012)

skeptic〔名〕懐疑論者

---

777 □ **pundit**

〔名〕識者

Newspapers quoted the comments of the pundits on the matter.
(その件に関して、新聞は識者のコメントを載せました。)

---

778 □ **pushy**

〔形〕《口》厚かましい、強引な

---

779 □ **put ～ behind one**

～をもう済んだこととする・忘れる

U.S. President Barack Obama and his Republican challenger, Mitt Romney, sat down for lunch at the White House as they sought to put their bitter campaign behind them.
(オバマ米大統領と共和党の大統領候補だったミット・ロムニー氏は、激しい選挙戦を過去のこととして忘れようと、ホワイトハウスで昼食をともにした。 Reuters 12/1/2012)

780 □ **put ～ in jeopardy**

～を危うくする、危険に陥れる

LDP President Sadakazu Tanigaki has failed to win the support of Makoto Koga, a blow that puts his reelection in serious jeopardy.
（自民党の谷垣禎一総裁は古賀誠氏の支持を得られず、自らの再選を極めて危うくする痛手を負った。）

win the support of ～（～の支持を得る）

781 □ **put a crimp in ～**

～に支障をきたす、～を邪魔する

782 □ **put on a brave face**

大胆にやり過ごす、シラを切る、平気を装う

The North Atlantic Treaty Organization put on a brave face at its Chicago summit, but the reality is that the alliance has been weakened by the eurozone crisis.
（北大西洋条約機構〈の指導者ら〉はシカゴでの首脳会議で平静を装ったが、ユーロ圏の危機によってその同盟は弱体化しているのが現実だ。Reuters 5/24/2012）

783 □ **put one's heads together**

～で相談する

Let's put our heads together and figure out a healthy meal plan.
（2 人で相談してヘルシーな食事プランを考え出しましょうよ。）

figure out ～（～を考え出す）

healthy meal plan（ヘルシーな食事プラン）

784 □ **put one's shoulder to the wheel**

懸命に努力する [取り組む]

785 □	**put that in your pipe and smoke it**	それをパイプに詰めて吸ってしまえ、（そのことを）お前がどう思おうと知っちゃいない、（それについて）つべこべ言うんじゃない I'm going anyway. Put that in your pipe and smoke it. （とにかくおれは行くぞ。お前がどう思おうと知ったことか。）
786 □	**questioning mind**	探求心
787 □	**quick study**	《米》理解 [のみ込み] の早い人
788 □	**quid pro quo**	《ラテン語》見返り
789 □	**quirky**	〔形〕風変わりな、癖のある

R

CD-1 Track.17

790 □ **radius** [réidiəs]

〔名〕半径

Radioactive substances dispersed in a nuclear accident could spread beyond the 30-kilometer-radius zones used for disaster management planning, the Nuclear Regulation Authority said.
（原子力規制委によると、〈最悪の想定下で〉原発事故が起きた場合、防災対策の目安となる半径 30 キロ圏外にも放射性物質が拡散することが分かった。 The Daily Yomiuri 10/25/2012）

cf. diameter〔名〕直径

---

791 □ **ramp up**

強める、強化する、生産を強化する、増産する

Nissan plans to ramp up production in China, India and Indonesia.
（日産〈自動車〉は、中国やインド、インドネシアでの生産増強を計画している。
AJW 6/16/2012）

---

792 □ **rat race**

競争社会

---

793 □ **rate hike**

値上げ

---

794 □ **rave reviews**

絶賛

795 □ **razor-thin**

〔形〕紙一重の、非常に薄い、ほんのわずかの

U.S. President Barack Obama has been declared the winner of Florida's 29 electoral votes, ending a four-day count with a razor-thin margin that avoided an automatic recount.
（4 日間にわたる〈米大統領選の〉集計の末、自動的に再集計となる票差を紙一重で超え、バラク・オバマ大統領がフロリダ州の選挙人 29 人を獲得した。 AP 11/13/2012）

---

796 □ **reactivate**

〔動〕～を再開する、～を復活させる

The focus in the issue of reactivating the two suspended reactors at the Oi nuclear power plant in Fukui Prefecture has now turned to the will of local governments around the plant.
（運転を停止している福井県の大飯原発 2 基の再稼働を巡る問題の焦点は、〈政府の判断から〉原発周辺の地元自治体の意向に移った。
The Daily Yomiuri 4/16/2012）

---

797 □ **read up on ～**

（書物などを読んで）～をよく調べる [研究する]

---

798 □ **real lifesaver**

救いの神

---

799 □ **rebuke**

〔動〕～を強く非難する
〔名〕非難、叱責

---

800 □ **reconfigure**

〔動〕～の型 [形 ; 部品] を変更する・再構成する

---

801 □ **recur**

〔動〕再び起こる

802 □	redeem	〔動〕（欠点など）を補う、～を買い戻す、（名誉など）を回復する、（神が）～を救う、～を現金［商品］に換える
803 □	redemption	〔名〕（人間の）罪の贖い
804 □	reforest	〔動〕～に森林を（植林して）再生させる
805 □	refrainment	〔名〕自制、我慢
806 □	reinvigorate	〔動〕～を再び元気にする・活気づける The company's management believes the current round of breakups will reinvigorate the American market. （会社の経営陣は、このたびの一連の会社の分割により、米国市場が活気づけられるだろうと信じている。）
807 □	rejuvenation	〔名〕若返り
808 □	relapse	〔名〕再発、ぶり返し
809 □	relation between causes and effects	原因と結果の関係、因果関係
810 □	relinquish	〔動〕～を手放す、～を放棄する、～を断念する、～を譲渡する

811 □	**residue** [rézɪd(j)ùː]	〔名〕残留物、残り、かす (= what is left after the main part of something is taken or used)
812 □	**respiration**	〔名〕呼吸
813 □	**respiratory** [réspərətɔ̀ːri]	〔形〕呼吸器官の、呼吸の
814 □	**resurface**	〔動〕再び現れる
815 □	**retention**	〔名〕保持、維持、引き留め
816 □	**reticent**	〔形〕無口な、控えめな
817 □	**revitalization**	〔名〕復活、復興
818 □	**revitalize**	〔動〕～を活性化させる、 ～を復興させる、 ～を生き返らせる
819 □	**revoke**	〔動〕～を無効にする・廃止する

820 □	revolting	〔形〕気持ちが悪くなりそうな、 とんでもない ※胃がひっくり返るというイメージ。 That's revolting! （それ、気持ちが悪くなります！） A ：There's a tiny bug in my soup! （A：スープにちっちゃい虫が入ってる！） B ：That's revolting! （B：気持ちが悪い！）
821 □	rip off customers	客をぼったくる
822 □	road map	指針、手引き、（行動）計画
823 □	road warrior	《口》出張が多い人
824 □	robust	〔形〕頑健な、丈夫な
825 □	rock the boat	平静な状態をかき乱す、波風を立てる ※「船を揺らす」の意味からの比喩。
826 □	roll in the aisles [áilz]	（観客が）笑い転げる [大笑いする] ※発音注意
827 □	roll one's sleeves up	袖をまくり上げる、 本気になって取り組む
828 □	roll out the red carpet for someone	（人）を盛大に歓迎する、 （人）を丁重にもてなす

829 □ **rolling blackout**

計画停電

With serious power shortages expected this summer in the Kansai region, the government is considering implementing forced power-saving measures such as rolling blackouts and power usage restrictions.
（今夏に関西地方で予想される深刻な電力不足で、政府は計画停電や電力使用制限など、強制的な節電手段の実施を検討している。
The Daily Yomiuri 4/28/2012）

rolling〔形〕段階的な、時差的な

blackout〔名〕停電

---

830 □ **root for the team**

そのチームを応援する

---

831 □ **round trip**

往復

---

832 □ **rub ～ the wrong way**

～をイライラさせる、
～の神経を逆なでする

A：Let's invite Mr. Smith to the party.
（A：スミスさんをパーティーに呼ぼう。）

B：Do we have to?
（B：どうしても？）

A：We should. He's my boss.
（A：そうすべきです。上司ですから。）

B：He rubs me the wrong way.
（B：彼にはイライラさせられるんです。）

---

833 □ **rule of thumb**

（経験に基づいた）一定のやり方、
経験則

---

834 □ **rule out the possibility**

その可能性を無視する・認めない

835 □	run errands	用事をする、使いをする
836 □	run up a tab	勘定 [付け] をためる、 多額の付けをする
837 □	rundown [rʌ́ndàun]	〔名〕（概要の）説明、要約、縮小、減数 〔形〕疲れ切った、消耗した、体調が悪い
838 □	runoff	〔名〕（同点者の）決勝戦
839 □	rustic	〔形〕田舎の Rustic life is very simple. （田舎の生活はとてもシンプルだ。）

840 □	Sagittarius	〔名〕射手座 (= the Archer)
841 □	sail into her	彼女を激しく非難する
842 □	salvage	〔動〕～を廃物利用する
843 □	sarcastic	〔形〕皮肉な、嫌みな
844 □	saturate	〔動〕～を飽和させる、～を浸す、 ～を過剰供給する
845 □	saturated	〔形〕飽和状態の、過剰供給の (= unable to hold [contain] more; full)、 充満した、しみこんだ、ずぶぬれの (= soaked)
846 □	save room for ～	～のためにおなかを空けておく
847 □	savings account	普通預金口座
848 □	savvy	〔形〕知恵のある、精通した、 抜け目のない (= perceptive; canny) 〔名〕実務的知識、常識、手腕 〔動〕～を知る
849 □	scare one out of one's wits	気が変になるほど怖がらせる、 腰が抜けるほど怖がらせる You scared me out of my wits! (気が変になるほど怖かったよ！)

850 □	schmoozing	《口》おしゃべり schmooze [ʃmúːz]〔動〕おしゃべりをする
851 □	Scorpio	〔名〕さそり座（= the Scorpius）
852 □	scrumptious [skrʌ́mpʃəs]	〔形〕（食べ物が）すごくおいしい (= extremely appetizing or delicious)、 素晴らしい
853 □	scrutiny	〔名〕精密な調査、詮索、監視
854 □	seal the fate	（特に悪い方向に）運命を決める China's ruling Communist Party took a big step toward sealing the fate of fallen politician Bo Xilai, when a court jailed his former police chief for 15 years. （〈中国・重慶市の〉元公安局長に裁判所は懲役15 年の判決を言い渡し、中国共産党は失脚した政治家・薄熙来〈ボー・シーライ〉氏の運命を決める大きな一歩を踏み出した。 Reuters 9/25/2012）
855 □	seamlessly blended with ～	～に見事に溶け込んで
856 □	see for oneself	自分で確かめる

857 □	see the writing on the wall	（悪い）前兆を見てとる ※旧約聖書「ダニエル書」の一節から。the writing [handwriting] on the wall とは、Babylon の王 Belshazzar の宴会場の「壁に書き記された、国の崩壊を予言する文字」のこと。「不吉な災いや差し迫った災難・失敗などの前兆」を意味する。 Our management saw the writing on the wall, and so they voted to break up the company. （当社の経営陣はこの動向に気づいたので、会社の分割を投票で決定したのです。）
858 □	seize an opportunity	（積極的に）機会を捕まえに行く
859 □	self-help guru	自己啓発の専門家 [権威者]
860 □	send someone on a wild-goose chase	（人）にむだな骨折りをさせる
861 □	send someone up the wall	（人）を激怒させる

862 □ **set foot**

（～に）足を踏み入れる、上陸する
《on; in》

As commander of the Apollo 11 mission, U.S. astronaut Neil Armstrong became the first human to set foot on the moon on July 20, 1969.
（宇宙船アポロ 11 号の船長として、米国の宇宙飛行士ニール・アームストロング氏は 1969 年 7 月 20 日、人類で初めて月面に足を踏み入れた。Reuters 8/27/2012）

astronaut〔名〕宇宙飛行士

---

863 □ **set the tone for ～**

～の雰囲気を作る

---

864 □ **sewage system**

下水道システム

---

865 □ **shake like a leaf**

ぶるぶる震える
※怖くて木の葉のように震動するということ。

I'm shaking like a leaf!
（私、ぶるぶる震えています！）

---

866 □ **shape up to ～**

～になる、～に発展する

---

867 □ **shed light on ～**

～を明らかにする、～を解明する、
～に光を当てる

---

868 □ **shoot off ～**

（手紙・メールなど）を急いで出す、
～を発射する、～を放つ

---

869 □ **shortcoming**

〔名〕《通例複数形で》欠点

870 □	show ～ around	～を案内する
871 □	show someone the ropes	《口》（人）に（仕事の）やり方を教える
872 □	shun	〔動〕～を避ける
873 □	sight for sore eyes	目の保養、病んだ目のための光景 The appearance of Lisa was a sight for sore eyes for everybody in the room. （リサが入ってくると、その姿は部屋のみんなにとって目の保養でした。）
874 □	Sin city	ラスベガス（Las Vegas）の愛称
875 □	sink or swim	のるかそるか、一か八か、成功しようと失敗しようと ※「沈むか泳ぐか」「溺れたくなければ泳げ」ということから、「成否はどうであろうと、自分で何とかするしかない」「うまくいってもいかなくても、全力を出してやる」という意味で使う。
876 □	sit by idly	手をこまねく

877 □ **sit out ～**

～に参加しない、～に口出ししない、～に関与しない

The Japan Professional Baseball Players Association unanimously voted to sit out next year's World Baseball Classic after a meeting in Osaka.
（日本プロ野球選手会は、大阪で会合を開き、来年のワールド・ベースボール・クラシック〈WBC〉に参加しないことを、全会一致で議決した。
The Daily Yomiuri 7/21/2012）

---

878 □ **skirt [get] around the issue**

その問題を回避する

---

879 □ **skirt the law**

法の網の目をかい潜る

---

880 □ **slack off (～)**

ダラダラする、（～を）怠ける

---

881 □ **slant**

〔動〕～を斜めにする、
～にある傾向を与える、
～を歪曲する

International monitors have said the presidential election was slanted in favor of Putin, and opponents have refused to recognize the results.
（国際監視団は、〈ロシアの〉大統領選がプーチン氏に有利になるよう偏ったものだったと指摘、〈プーチン氏と〉対立する陣営も結果の受け入れを拒否している。 Reuters 3/17/2012）

in favor of ～（～に味方して）

---

882 □ **sleek**

〔形〕口先のうまい、
（態度が）もの柔らかな

883 **slip of the tongue** 口を滑らすこと、失言、言い間違い

884 **sloppy**

〔形〕水たまりの多い、
（飲食物が）水っぽい、ずさんな

The mayor of Otsu apologized for a "sloppy" survey covering all of the school's students that the municipal board of education conducted.
（大津市長は〈いじめを受けていた市立中学2年の男子生徒が自殺した問題で〉、市教委が行った全校生徒への調査が「ずさんだった」と謝罪した。The Daily Yomiuri 7/26/2012）

885 **slurp**

〔動〕（～を）音を立てて飲食する

slurp your noodles（麺を音を立ててすする）

886 **smart from ～**

～で悩む、～に憤慨する、
～で心を痛める

887 **smug face**

どや顔

※関西弁で「どや！」、関東弁で「どうだい！」と、したり顔、得意顔をすること。

Tim never fails to make a smug face when someone laughs at his cheap joke.
（つまらないジョークを飛ばして誰かが笑うと、ティムは必ずどや顔をします。）

never fail to do（必ず～する）

smug〔形〕独善的な

cheap〔形〕安っぽい

888 **smug way of thinking** 独善的な考え方

889 □	snail mail	従来の郵便
890 □	snake oil	いんちき薬
891 □	snoop [snúːp]	〔動〕こそこそのぞき回る、うろつく snoop around [about] (〈人などを〉こそこそ探る・詮索する・のぞき回る)
892 □	so be it	それならそれで仕方ない、 なるようになれ
893 □	solicit	〔動〕(援助・愛顧などを)懇願する、 ～するようにせがむ、勧誘する
894 □	solicitation	〔名〕強く求めること、懇願、客引き
895 □	sounding board	(自分の考え・意見などの)よしあしを判断してもらう人、相談相手
896 □	spate of ～	～の多発・頻発、相次ぐ～
897 □	speak highly of ～	～のことを褒める、 ～のことを立派だと言う

898 □	spendthrift	〔形〕浪費する、金づかいの荒い Republicans argue that President Barack Obama's spendthrift, big-government policies have hurt business and caused the federal deficit to soar. （米共和党支持者は、浪費的な「大きな政府」路線をとるオバマ大統領の政策が経済に悪影響を及ぼし、財政赤字を増大させたと主張している。AP 9/8/2012）
899 □	spin off ～	～を分離独立させる
900 □	spit ～ out	～を吐き出す
901 □	split ends	枝毛
902 □	sponge [live] off my parents	親のスネかじりをする
903 □	spooky	〔形〕幽霊の出そうな、薄気味悪い It was really spooky.（本当に気味が悪かった。）
904 □	spur speculation	憶測を呼ぶ
905 □	sputter along	順調にいかない、難航する

906 □ **squeeze on ～**

～の引き締め、～への（経済的）圧迫

Many companies are betting that the squeeze on the middle class isn't a short-term trend.
（中間層の家計への圧迫は短期的な傾向ではない、と多くの企業は見ています。）

short-term trend（短期的な傾向）

---

907 □ **stage fright**

あがること、舞台恐怖、舞台負け

---

908 □ **stagnant**
[stǽgnənt]

〔形〕低迷した、不景気な、
活気がない、よどんでいる

a stagnant market（停滞した市場）

---

909 □ **stand firm**

毅然とする

---

910 □ **start (over) with a clean slate**

一から [新たに] 出直す、
白紙の状態からやり直す

---

911 □ **state-of-the-art**

〔形〕最高技術水準の、最新式の

Panetta emphasized that the United States would deploy the state-of-the-art aircraft in the Pacific region as part of the country's new Asia-focused defense strategy.
（パネッタ米国防長官はアジア重視の新たな防衛戦略の一環として、米国が最新式の航空機〈ステルス戦闘機「F35」〉を太平洋地域に配置することになると強調した。
The Daily Yomiuri 12/20/2012）

---

912 □ **stay out of the loop**

《口》中心グループ [人の輪] から外れている

913 □	**stay sane**	冷静でいる、平静さを保つ
914 □	**steal the show**	（脇役や予想外の人が）人気をさらう Hollande narrowly beat Sarkozy in Sunday's first round by 28.63 percent to 27.18 percent, but Le Pen stole the show by surging to 17.9 percent. （オランド氏は、日曜日の〈仏大統領選〉第１回投票で、得票率 28.63% 対 27.18% の僅差でサルコジ氏を破った。だが、ルペン氏が 17.9% まで得票率を伸ばして主役の座を奪った。Reuters 4/24/2012）
915 □	**steer something toward**	（会話など）を～に向ける
916 □	**stem from ～**	～から生じる、～に由来する、～に根ざす
917 □	**step aside**	退任する
918 □	**stick to ～**	～をやり通す、～に従う、～を守る
919 □	**stick together**	互いに協力する、一致団結する
920 □	**stick-in-the-mud**	〔名〕保守的な人、時代遅れの人 I hate to sound like a stick-in-the-mud, but, again, I'm in no hurry to get to a promised land where all books are e-books. （時代遅れの人間のように思われたくはありませんが、私はやはり、すべての書籍が電子書籍に移行した約束の地へは行く気がしません。）

921 □ **stoke frustration**

不満をかきたてる

Last year's price spike in China stoked frustration among a public that is angry about pervasive corruption and a yawning gap between rich and poor.
（中国では、昨年の物価急騰が、横行する汚職や広がる貧富の格差に憤る民衆の間の不満を一層かきたてた。 AP 2/10/2012）

price spike（物価急騰）

stoke〔動〕（燃料）をくべる、～をあおる

922 □ **stop short of ～**

～には至らない

923 □ **strike a chord**

（人に）何か思い出させる、
（人の）共感を呼ぶ《with》

924 □ **strike home**

（人に）感銘を与える、
（人の）胸にぐさりとくる《to; with》

925 □ **strike the right note**

（言動が）適切である、
聴衆に受けるような意見を言う

926 □ **struggling economy**

低迷する経済

927 □ **studious**

〔形〕熱心な、学習好きな

928 □ **stuff one's face**

がっつり食べる

She says she is on a diet, but I saw her stuffing her face with cakes.
（彼女はダイエット中って言ってるけど、ケーキをがっつり食べているのを私は見たわ。）

We stuffed our faces with beefsteaks.
（みんなでステーキをがっつり食った。）

929 □ **stuffed**

〔形〕満腹で
※カジュアルな表現である。

---

930 □ **stumble across ～**

偶然～を見つける・出くわす
Librarians at a German university have stumbled across a version of the 500-year-old world map that was the first to mention the name "America."
（ドイツの大学図書館の司書は偶然、「アメリカ」と初めて表記された 500 年前の世界地図を見つけた。 AFP-Jiji 7/5/2012）

---

931 □ **suffer one's own pain**

身を切る
"All we politicians need to do now is to share the pain with the people by suffering our own pain," said the prime minister.
（「今なすべきことは我々政治家自身が進んで身を切り、痛みを国民と分かち合うことだ」と総理は述べました。）

---

932 □ **suit someone to a tee**

（人）にぴったり [最適] である

---

933 □ **swallow one's pride**

プライドを捨てる、恥を忍ぶ

---

934 □ **swollen**

〔形〕腫れた

---

935 □ **symptomatic of ～**

～を表した

---

936 □ **synthesis**

〔名〕統合、合成、総合

T

937 □	table scraps	食べ残し
938 □	take ～ with a grain of salt	～を加減して [多少疑って] 聞く [受け取る]
939 □	take a deep breath	深呼吸する
940 □	take a toll	被害をもたらす、悪影響を与える
941 □	take action	行動を取る
942 □	take something in one's stride	～に冷静に対処する
943 □	take the bull by the horns	敢然と難局に立ち向かう ※闘牛士が角をつかんで牛を押さえ込むところからの比喩で、「自ら先に立って危険に立ち向かう」という意味で使われる。また、アメリカの西部で焼き印を押すためなどに、牛の角をつかみ、首をひねって倒す bulldogging というやり方に由来する、という説もある。
944 □	take the gloves off	ガチンコでいく John and Earl took their gloves off and really started arguing. （ジョンとアールはガチンコで言い争いを始めました。） take off ～（～を脱ぐ） argue〔動〕（～について）論争する・言い争う

945 □	take to something like a duck to water	～を極めて自然に身につける [覚える] I thought you'd taken to living in America like a duck to water. （あなたはアメリカでの生活にすんなりなじんだものと思っていました。）
946 □	talk round [around] ～	（肝心なことに触れずに）～について回りくどく話す [遠回しに言う]
947 □	Talk about disrespect.	なんとも失礼な話だ。
948 □	talk big	自慢する、得意そうに話す、ほらを吹く
949 □	talk out ～	～を徹底的に話し合う、 ～を話し合いで解決する、 ～を論じ尽くす、 （過去分詞形で）話しすぎて疲れる
950 □	talk through one's hat	いいかげんなこと [でたらめ] を言う、ほらを吹く
951 □	tangible possession	有形財産
952 □	tantamount	〔形〕（～に）匹敵するほど悪い、 （～と）同じくらい悪い
953 □	tap into resources	資源を利用する
954 □	tap water	水道水

955 □	taunt	〔動〕～をなじる・あざける 〔名〕侮辱的な言葉、愚弄
956 □	Taurus	〔名〕牡牛座（= the Bull）
957 □	tear down ～	～を取り壊す、～を引きはがす、 ～を分解する The government has set a policy to reduce by one-quarter the number of state-managed housing units for national public servants in four years by tearing down or selling complexes. （政府は、国が管理する国家公務員宿舎〈戸数〉の 4 分の 1 を今後 4 年間で取り壊すか売却して削減する方針を固めた。 The Daily Yomiuri 11/26/2012）
958 □	tedious	〔形〕退屈な、うんざりする、 あきあきする
959 □	tell on one's health	健康にこたえる（影響する）
960 □	tepid	〔形〕（液体が）なまぬるい、 （感情・反応などが）熱意のない
961 □	tepid water	ぬるま湯（= lukewarm water）
962 □	testimony	〔名〕（法廷での）宣誓証言、証言、証拠
963 □	the big boys	《口》大物、大企業

964 □	the cream	最良の部分 the cream of the crop （最もすぐれた人たち［もの］） We were told we were... the cream of the cream. ―Hillary R. Clinton “Living History” （私たちは「最高の中の最高の人材」と言われたのだ。 ―ヒラリー・R・クリントン『リビング・ヒストリー』）
965 □	the decimal system	十進法
966 □	the front burner	前倒しで Let’s move the project to the front burner. （そのプロジェクトは前倒しでやろう。）
967 □	the pacifist Constitution	平和憲法
968 □	the power of positive thinking	前向きに考えることの持つ力
969 □	the rites of hospitality	来客に対するおもてなしの儀礼
970 □	The style is the man.	文は人なり。
971 □	there is a lot to be said for ～	～には利点がたくさんある

972 □	There is no "I" in team!	チームには「私」はないのです！ ※個人プレーをするのではなくチームプレーが大切だということ。
973 □	there's no denying that ～	～ということは否定できない
974 □	think positive	前向きに考える ⇔ think negative（悲観的に考える）
975 □	thou art	汝は ※ you are の古語。
976 □	throw ～ for a loop	～に大変なショックを与える （= knock ～ for a loop） It really threw him for a loop. （彼は大変なショックを受けたのよ。）
977 □	throw cold water on ～	～に水を差す Foreign Minister Koichiro Genba criticized the Medvedev visit for throwing cold water on efforts to create a better atmosphere for bilateral relations. （玄葉光一郎外相は、ロシアのメドベージェフ首相の〈国後島〉訪問について、両国関係の前向きな雰囲気づくりに水を差すと批判した。AJW 7/21/2012）
978 □	thy	〔形〕汝の、そなたの ※ your の古語。
979 □	tidbit	〔名〕豆ニュース、豆情報、豆記事

980 □	**tide over the difficulty**	**困難を乗り越える**
981 □	**tie the knot**	**結婚する** Facebook founder Mark Zuckerberg and Priscilla Chan tied the knot at a small ceremony at his home, capping a busy week. （フェイスブックの創業者マーク・ザッカーバーグ氏とプリシラ・チャンさんは、ザッカーバーグ氏宅でささやかな式を挙げて結婚し、多忙な１週間を締めくくった。 AP 5/21/2012） knot〔名〕結び目、縁
982 □	**tips for ～**	**～のコツ**
983 □	**tirelessly**	**〔副〕精力的に、疲れを知らずに**
984 □	**to some extent**	**ある程度** To some extent, yes. （ある程度はそうでしょうね。）
985 □	**to the best of my knowledge**	**自分の知っている限りでは**
986 □	**top-notch** [tɑ́pnɑ̀tʃ]	**〔形〕最高の、一流の** （= of the highest possible quality）
987 □	**total steal**	**超お得、激安（の品）** ※直訳は「完璧な盗み」。「ただ同然」という意味。

988	touch base with ～	《口》～と連絡を取る、～と接触する
989	tout [táut]	〔動〕～をほめちぎる、 ～をうるさく勧める、 ～を押し売りする
990	toy with the idea	そのこと（考え）をいろいろ考える
991	track down the problem	その問題を突き止める
992	treacherous	〔形〕危険な、不安定な、不誠実な、寝返る
993	treat oneself to ～	～を楽しむ、～を（奮発して）買う
994	trim [trím]	〔動〕～を削減する、～を刈り込む、 ～を切り取る、どっちつかずにやる 〔名〕整っていること、調子、刈り込み、 調髪 〔形〕きちんとした
995	trimmer	〔名〕刈る人、ご都合主義者、刈る道具
996	trimming	〔名〕飾り、装飾、削減、整理整頓
997	trinket	〔名〕小間物、装身具、安ピカ物

998 □ **triumph over ～**

～を克服する、～に打ち勝つ

999 □ **Trust to chance.**

運を天に任せなさい。

1000 □ **turn a blind eye**

見て見ぬふりをする

The coach turned a blind eye to the bullying in the team.
（コーチはチーム内でのいじめを知っていながらシカトした。）

1001 □ **turn oneself in**

自首する

1002 □ **turn over a new leaf**

心を入れ替える、心機一転する

1003 □ **turn someone off**

（人）に興味を失わせる、
（人）をうんざりさせる

1004 □ **tussle**

〔名〕取っ組み合い、格闘、苦闘

The tussle between the central government and Tokyo over who would purchase the Senkaku Islands appears to have been settled, with the central government to buy the islets.
（尖閣諸島の購入を巡る政府と東京都の争いは、政府が買い取ることで決着がついた格好だ。
The Daily Yomiuri 9/7/2012）

purchase〔動〕（～を）購入する・買う・仕入れる

1005 □ **ulterior**　〔形〕表に現れてこない、隠された、向こうの

1006 □ **ultraviolet light**　紫外線

1007 □ **unforeseen**　〔形〕予測できない

1008 □ **unleash**　〔動〕～を放つ、～の束縛を解く
A U.S. Coast Guard cutter unleashed cannon fire on the abandoned Japanese fishing vessel, ending a journey that began when last year's tsunami dislodged it.
(米沿岸警備隊の艦船は、放棄された日本の漁船に銃砲を放って〈沈没させ〉、昨年の津波がこの船をさらった時に始まった漂流の旅を終わらせた。 AP 4/7/2012)

1009 □ **unsolicited**　〔形〕(頼みもしないのに) 勝手に送られてくる

1010 □ **unveil**　〔動〕～を発表する、～を明らかにする (= to show or announce publicly for the first time)、～の正体を暴く

1011 □ **unyielding**　〔形〕譲らない、頑固な、不屈の、断固とした
Prime Minister Yoshihiko Noda has once again expressed his unyielding intention to restart the nation's suspended nuclear reactors.
(野田佳彦首相は、利用が中断していた国内の原子炉〈関西電力大飯原子力発電所 3、4 号機〉を再稼働させる断固とした意向を改めて表明した。 The Daily Yomiuri 6/10/2012)

1012 □	up-and-coming	新鋭の
1013 □	upbringing	〔名〕しつけ、育ち
1014 □	upcoming	〔形〕きたる、次の
1015 □	upfront [ʌ́pfrʌ́nt]	〔形〕前払いの、事前の、率直な、傑出した 〔副〕前金で、前もって、正直に
1016 □	upheaval	〔名〕大混乱、激変
1017 □	urbanite	〔名〕都会人
1018 □	Ursa Minor	こぐま座
1019 □	usage [júːsidʒ; júːzidʒ]	〔名〕使用法、慣習、取扱い、有用性

V

CD-1 Track.21

1020 □	**vegan** [védʒən; víːgən]	〔名〕厳格な [完全] 菜食主義（者） 〔形〕厳格な [完全] 菜食主義（者）の
1021 □	**vet**	〔名〕獣医 ※ veterinarian の略称。vet's はそのクリニック。
1022 □	**vex**	〔動〕～をいらだたせる、～をやきもきさせる、～を悩ませる
1023 □	**viability**	〔名〕実行可能性
1024 □	**viable**	〔形〕実行できる、実現可能な、（胎児が）成長した
1025 □	**virgin territory**	未知の [未開拓の、初めて経験する] 領域 [分野]
1026 □	**Virgo**	〔名〕乙女座（= the Virgin）
1027 □	**visionless**	〔形〕洞察力のない、視力のない
1028 □	**vocational** [voukéiʃənl]	〔形〕職業の、職業上の、職業指導の
1029 □	**voice concern**	懸念を述べる
1030 □	**volatile** [válətl]	〔形〕激しく変動する、不安定な、激しやすい、気まぐれな、快活な、揮発性の

1031 □	**vortex**	〔名〕（感情、状況などの）渦 With Syria, a vortex of global risks and tensions （シリアに世界的な危険と緊張の渦 International Herald Tribune 2/27/2012）
1032 □	**vouch for the safety**	安全性を保証する

W, Z, other

CD-1 Track.22

1033 □	walk down the aisle	バージンロードを歩く、結婚する
1034 □	walk out on her husband	夫を捨てる
1035 □	wallflower	〔名〕《口》壁の花、(パーティーなどで、内気なために) 一人で片隅にいる人、引っ込み思案な人
1036 □	ward off ～	～を避ける、～を防ぐ
1037 □	Watch [Mind] your p's and q's.	《口》礼儀 [マナー] に気をつけなさい。
1038 □	watch over ～	～を監視する、～を護衛する、～の世話をする
1039 □	watershed moment	重大な転機、分水嶺 The EU reaches a watershed moment this week with the deadline for private creditors to write down Greek debt. (欧州連合〈EU〉は今週、ギリシャの債務削減に関する民間債権者の回答期限を迎え、重大な分岐点にさしかかる。 AFP-Jiji 3/6/2012) write down (〈資産などの〉帳簿価格を切り下げる)
1040 □	welcome wagon	《米》新しく来た人を歓迎する行事
1041 □	well-armed	〔形〕(必要な知識などを) 十分に備えた、準備 [用意] の整った

1042 □ **whammy**	〔名〕魔法、魔術、不運を招くもの、破壊的な妨げ Electronics manufacturers were hit hard by the triple whammy of the Great East Japan Earthquake, excessive flooding in Thailand and the yen's appreciation. （電機メーカーは、震災、タイの洪水、円高という三重苦に見舞われた。 AJW 6/16/2012） triple whammy（三重苦）
1043 □ **what the future has in store**	将来に何が待ち構えているか、 将来どうなるのか
1044 □ **wheeling and dealing**	駆け引き Wheeling and dealing is the name of the game in the TPP negotiations. （TPP 交渉では駆け引きこそが肝心です。） the name of the game（肝心なこと） TPP（環太平洋経済連携協定〈= Trans-Pacific Partnership〉）
1045 □ **when opportunity serves**	機会があれば
1046 □ **whippersnapper**	〔名〕《口》（生意気な）若造、青二才 This is a great time for a young whippersnapper like you. （あなたのような若い人にとって、今はすばらしい時なのです。）
1047 □ **white lie**	罪のないうそ

1048 □	whittle away	徐々に減らす、徐々に損なう
1049 □	willpower	〔名〕意志の力、精神力、自制心
1050 □	wimp	〔名〕弱虫、おどおどした臆病者
1051 □	win acclaim for ～	～で称賛される
1052 □	wind up with	（結局）～を持つ羽目になる
1053 □	wipeout	〔名〕転倒 ※サーフィン用語をスケートボードに転用。
1054 □	wisdom tooth	親知らず
1055 □	wise up to the fact	そのことに気づく
1056 □	work like a charm	不思議なほどよく効く
1057 □	work out	うまくいく、良い結果となる
1058 □	worst-case scenario	最悪の事態

1059 □ **woulda, coulda, shoulda**

何々をすればよかったのに、
何々ができたのに、
何々をすべきだったのに

※ would have, could have, should have の短縮形。Have は弱勢。

All too often I fall into the trap of "woulda, coulda, shoulda." That drives me nuts.
（私は「何々をすればよかったのに、何々ができたのに、何々をすべきだったのに」と行き詰まってしまうことが、あまりにも多いですね。そんな自分にいらいらします。）

fall into the trap of ～（～のわなに陥る）

drive someone nuts（〈人〉をいらいらさせる）

1060 □ **wraith**
[réiθ]

〔名〕生霊、亡霊

1061 □ **wriggle out of the debt**

借金から抜け出す

1062 □ **write away**

書き続ける、せっせと書く

1063 □ **write in plain English**

わかりやすい英語で書く

1064 □ **write off ～**

（所得税から）～の費用を差し引く《on》

1065 □ **zealot**
[zélət]

〔名〕熱中者、熱狂者

1066 □	zero in on the problem	その問題に焦点を合わせる
1067 □	24/7	四六時中、年中無休で、ひっきりなしに ※「年中無休で」という意味の twenty-four hours seven days a week から生まれたフレーズで、twenty-four seven と読む。

Part 2
メディア英語

1068 □ **a judgmental error** 判断の誤り

1069 □ **a last-ditch effort**

最後の努力

PASOK party head Venizelos met Friday with Samaras, the leader of the New Democracy party, in a last-ditch effort to form a coalition government.
（PASOK〈全ギリシャ社会主義運動〉のベニゼロス党首は金曜日、連立政権を樹立する土壇場の取り組みとしてサマラス・新民主主義党党首と会談した。 AP 5/12/2012）

ditch〔名〕溝

1070 □ **a military engagement** 武力衝突

1071 □ **a neutral zone** 中立地帯

1072 □ **a safety zone** 安全地帯

1073 □ **acquittal**

〔名〕無罪（宣告）、放免、釈放

Govinda Prasad Mainali's acquittal was finalized later in the day after the prosecution abandoned its right to appeal to the Supreme Court.
（〈東京電力女性社員殺害事件をめぐり〉ゴビンダ・プラサド・マイナリさんの〈再審〉無罪は、検察側が最高裁への上訴権を放棄したその日のうちに確定した。 The Daily Yomiuri 11/8/2012）

1074 □ **active fault**

活断層

It is known that the Japanese Archipelago sits on a cluster of active faults.
（日本列島は一群の活断層の上に乗っていることがわかっています。）

Japanese Archipelago（日本列島）

a cluster of ～（一群の～）

fault〔名〕断層

1075 □ **address a problem**

問題に対処する

1076 □ **adherent**

〔名〕支持者、信奉者
〔形〕粘着性の、執着した、関係のある

1077 □ **administrative authority**

行政当局

1078 □ **admonishment**

〔名〕忠告、訓戒、警告

1079 □ **adopt transitional measures**

経過措置を取る

1080 □ **aftermath**

〔名〕余波、結果

1081 □ **aggravated assault**

加重暴行罪

1082 □	ammunition	〔名〕弾薬、戦闘手段、 議論の論旨を強化する事実や情報 Bad economic news threatened U.S. President Obama's chance for reelection and offered Republican challenger Romney fresh ammunition. （〈失業率など〉米国経済に関する悪い知らせは、オバマ大統領の再選の機会を脅かし、共和党の挑戦者ロムニー氏に有利な情報を新たにもたらした。 AP 7/8/2012）
1083 □	an aging society	高齢化社会
1084 □	an unidentified flying object	未確認飛行物体（UFO）
1085 □	annual rainfall	年間降水量
1086 □	antagonist	〔名〕対立者 ⇔ protagonist〔名〕主唱者
1087 □	appeal to a higher court	上告する
1088 □	arrest A for B	AをBの容疑・罪で逮捕する If you don't cooperate, I'll have to arrest you for trespassing. （ご協力いただかないと、あなたを不法侵入で逮捕しなければなりません。） trespassing〔名〕不法侵入

1089 □	**ascend the throne**	即位する
1090 □	**assume the post of prime minister**	首相の座につく
1091 □	**austerity**	〔名〕緊縮（財政） Austerity bill passes in Greece, but fears persist （ギリシャで〈財政〉緊縮法案可決も懸念残る International Herald Tribune 2/14/2012）
1092 □	**autopsy**	〔名〕検死解剖
1093 □	**awareness day**	啓発デー

B

CD-2 Track.2

1094 □	bail out the bank	その銀行を救う
1095 □	bailout	〔名〕救済
1096 □	be acquitted of ～	～の嫌疑について無罪とされる
1097 □	be charged with ～	～の罪に問われる
1098 □	be kept under house arrest	自宅軟禁状態に置かれる
1099 □	be sworn in	就任の宣誓をする
1100 □	be taken into custody	拘束される、収監される
1101 □	boot camp	アメリカの陸軍、海軍、海兵隊の新兵（new recruit）のための「軍事訓練コース」 ※一般的には「短期集中セミナー」などの意味で使われる。 IT boot camp（IT 短期集中セミナー）

1102 □ **budget deficit**

財政赤字

Quite a few countries are plagued by budget deficit.
(かなりの数の国が財政赤字に悩まされています。)

be plagued（悩まされている）

budget〔名〕予算

deficit〔名〕赤字

1103 □ **buoy up (boost) the stagnant economy**

停滞した経済を浮揚させる

1104 □ **by-election**

〔名〕補欠選挙

Democracy icon Aung San Suu Kyi has already made two campaign trips outside her hometown of Yangon ahead of April's by-elections.
(〈ミャンマー〉民主化の象徴であるアウン・サン・スー・チーさんは、4月の〈連邦議会〉補欠選挙に向け、既に2回、故郷のヤンゴン郊外に出向いて遊説を行った。 AFP-Jiji 2/12/2012)

icon〔名〕偶像、聖像、象徴

1105 □ **bylaw**
[báilɔ̀ː]

〔名〕定款、規約、規則

1106 □	Cabinet reshuffle	内閣改造
1107 □	capital punishment	極刑
1108 □	censure	〔名〕非難、酷評、不信任 〔動〕～を非難［酷評］する
1109 □	circumvent	〔動〕～を回る、～を妨げる、 （法律などの）抜け道を見つける、 ～を出し抜く
1110 □	citizen judge	裁判員
1111 □	clamp down on the illegal trade	その違法貿易を取り締まる
1112 □	conservationist	〔名〕自然保護論者
1113 □	conspiracy	〔名〕共謀、陰謀
1114 □	consulate [kάnsəlit; kɔ́nsjulit]	〔名〕領事館、（集合的に）領事職員
1115 □	consumer spending	個人消費

1116 □	contingent	〔名〕偶発事件、派遣団 〔形〕偶発的な、不測の、～次第の、～に付随する contingent expenses（臨時費）
1117 □	corporate donations to politicians	企業献金
1118 □	cross-culture communication	異文化（間）コミュニケーション

1119 ☐ **dampen overall consumer spending** 消費者支出全体を落ち込ませる

1120 ☐ **decisive leadership** 決断力のあるリーダーシップ

1121 ☐ **decommissioning of reactor** 廃炉

1122 ☐ **deindustrialization**
〔名〕産業の空洞化
If manufacturing keeps relocating overseas, what comes next will be deindustrialization.
（製造活動の海外移転が続けば、次に来るものは産業の空洞化です。）
manufacturing〔名〕生産活動
relocate〔動〕移転する、～を移転させる

1123 ☐ **delegation of authority** 権限委譲

1124 ☐ **demise**
〔名〕不動産遺贈、（王位の）継承、
（王の）崩御、
（存在・活動などの）消滅・終焉

1125 ☐ **demographic**
〔形〕人口統計学の、人口学の、人口の
a demographic survey（人口動態調査）

1126 ☐ **demography** 〔名〕人口統計学

No.	英語	意味
1127 □	deploy	〔動〕（部隊などが［を］）配置につく［つかせる］、（議論・資源などを）効果的に配置［活動］させる
1128 □	designate ～ as a human national treasure	～を重要無形文化財保持者（人間国宝）に認定する
1129 □	dictatorship	〔名〕独裁政権 The end of Col. Qaddafi's dictatorship sets a new era for Libya. （カダフィ大佐による独裁政権の崩壊で、リビアは新しい時代を迎えます。）
1130 □	disaster-stricken area	被災地
1131 □	discretionary [diskréʃənèri]	〔形〕自由裁量の、任意の
1132 □	district court	地方裁判所
1133 □	dole out food supplies	食料物資を分配する

1134 □	elementary particle	素粒子
1135 □	embryonic stem cell	ES 細胞、胚性幹細胞
1136 □	environmental activist	環境保護活動家
1137 □	eurozone economy	ユーロ圏経済
1138 □	exemplary citizen	模範的市民
1139 □	exonerate	〔動〕～を（罪・容疑などから）赦免する
1140 □	false conviction	冤罪
1141 □	ferment	〔名〕興奮、政治的動揺、混乱 Kremlin-loyal networks now combine usual fare with opposition ferment （親クレムリンの放送網、今や通常番組と野党の興奮を融合 International Herald Tribune 2/15/2012）
1142 □	file a lawsuit against ～	～を提訴する
1143 □	financial crash	金融破綻
1144 □	find a niche	ニッチ [市場の隙間] を見つける

1145 □	**fiscal cliff**	**財政の崖** ※ IMF 総会より。 ※アメリカで 2013 年に起こることが予測されていた、大型減税の期限切れ・強制的な歳出削減を指す。
1146 □	**fluidity**	〔名〕流動性、人口移動
1147 □	**geothermal generation**	**地熱発電** The nation's largest geothermal generation project is to start this fiscal year in Fukushima Prefecture, the site of Japan's worst nuclear disaster. （国内最大の地熱発電プロジェクトが、日本で最悪の原子力災害の被災地となった福島県で、今年度から始まる。）
1148 □	**God's Equation**	**神の方程式**
1149 □	**grant aid**	**無償資金協力、無償援助** Japan provides yen loans to developing countries for long periods and at low interest rates. In contrast to grant aid, yen loans often are used to develop large-scale infrastructure projects. （日本政府は開発途上国に長期の低金利で円借款を供与している。無償資金協力と異なり、大規模なインフラ計画で活用されることが多い。 The Daily Yomiuri 4/23/2012） yen loan（円借款）

1150 □	impoverished area	貧困地区
1151 □	in light of public sentiment	国民感情に照らし合わせて
1152 □	induced pluripotent stem cells	iPS 細胞（新型万能細胞）、人工多能性幹細胞 A research team led by a Kyoto University professor has succeeded in creating mice ova from induced pluripotent stem cells, or iPS cells. （京都大教授らの研究チームがマウスの人工多能性幹細胞〈iPS 細胞〉から卵子を作ることに成功した。 The Daily Yomiuri 10/6/2012）
1153 □	interference in internal affairs	内政干渉
1154 □	intervene militarily	軍事介入する
1155 □	Japan Coast Guard	海上保安庁
1156 □	keynote speaker	基調演説者

1157 □	**manmade disaster**	人災 The panel concluded that the accident was clearly a manmade disaster. （委員会は、事故は明らかに人災だという結論を出した。）
1158 □	**meticulous**	〔形〕細部にまで気を配った、 非常に注意深い、正確な
1159 □	**Ministry of Defense**	防衛省
1160 □	**Ministry of Education, Culture, Sports, Science and Technology**	文部科学省
1161 □	**Ministry of Finance**	財務省
1162 □	**Ministry of Justice**	法務省
1163 □	**mint**	〔名〕造幣局
1164 □	**misdemeanor**	〔名〕軽罪、無作法 ⇔ felony〔名〕重罪

1165 **monetary easing**

金融緩和

The Liberal Democratic Party's platform focuses on reviving the nation's economy, declaring that an LDP administration would overcome deflation by implementing bold monetary easing measures.
（自民党の〈衆院選政権〉公約は経済再生に重点を置いており、自民党政権は大胆な金融緩和策を実施して、デフレ脱却を図るとしている。
The Daily Yomiuri 11/22/2012）

1166 **municipality**

〔名〕地方自治体

1167 **national treasure**

国宝

1168 **near-field earthquake**

直下型地震

It is feared that a near-field earthquake may hit the metropolitan area.
（直下型地震が首都圏を襲う恐れがある。）

be feared（恐れられている）

metropolitan〔形〕大都市の、首都の

1169 **nice write-up**

好意的な記事

There's a nice write-up in the paper about you, Josh.
（あなたに関するよい記事が新聞に出ていますね、ジョシュ。）

in the paper（新聞紙上に）

1170 □ **nonaffiliated voters**

無党派層

According to a Yomiuri Shimbun survey, nonaffiliated voters increased eight percentage points from 43 percent recorded in the previous survey conducted Nov. 16-17—immediately after the lower house was dissolved.
（読売新聞社の世論調査によると、無党派層は、衆院解散直後の 11 月 16 ～ 17 日に行われた前回調査時の 43% から 8 ポイント増えた。
The Daily Yomiuri 11/27/2012）

1171 □ **nullify**

〔動〕～を無効にする、～の価値をなくす

1172 □ **on-the-fence politics**

決められない政治

"Let's put an end to on-the-fence politics," said the prime minister in his speech.
(「決められない政治から脱却しようではありませんか」と総理は演説しました。)

put an end(終わりにする)

prime minister(総理大臣、首相)

1173 □ **plaintiff**

〔名〕原告

1174 □ **Politburo**

〔名〕(共産圏諸国の)政治局

※共産党の最高政策決定機関。

The Chinese Communist Party's decision-making Politburo finally took long-awaited action on the scandal that had loomed over Chinese politics for more than half a year.
(中国共産党の意思決定機関である政治局は、半年以上も政界を覆っていた不祥事に対して、ようやく処分を決定した。 AP 10/1/2012)

1175 □ **political realignment**

政界再編

Nobuteru Ishihara, secretary general of the Liberal Democratic Party, hinted that political realignment may take place after the next general election.
(自民党の石原伸晃幹事長は、政界再編が次の総選挙後にある可能性を示唆した。
The Daily Yomiuri 6/14/2012)

realignment〔名〕再編(成)、再調整

take place(起こる、催される)

1176 □ **power broker**

（政治的に大きな権力や影響力を持つ）陰の実力者、（政界の）黒幕

Veteran powerbroker Ichiro Ozawa said his new party would campaign for all nuclear power plants to be abolished within 10 years.
（ベテラン大物議員の小沢一郎氏は、自身が率いる新党〈の基本政策〉として、10 年後をめどに全原発を廃止するために働きかけると発表した。 AJW 8/25/2012）

1177 □ **precipitation**

〔名〕降水量（= rainfall）

1178 □ **promotion of Buddhism**

仏教の布教

1179 □ **proxy war**

代理戦争

Arab leaders urged an end to Syria's crackdown at a summit in Baghdad, while Iraq's premier warned that arming rival camps would spark a "proxy war."
（バグダッドでの首脳会議で、イラク首相がシリア反体制陣営の武装化は「代理戦争」を招くと警告する一方、アラブ諸国の指導者は、シリアに弾圧をやめるよう促した。
AFP-Jiji 3/31/2012）

1180 □ **public service**

公役、公務

1181 □ **quantitative easing**

量的緩和

The quantitative easing policy was introduced to fight deflation.
（デフレ対策として量的緩和政策が導入された。）

1182	**Quantum Moment**	飛躍的瞬間（ウエイン・ダイヤー博士）
1183	**quarterly dividend**	四半期ごとに支払われる株の配当 Apple CEO Tim Cook fulfilled a longstanding desire of investors by initiating a quarterly dividend and share buyback that will pay out $ 45 billion over three years. （米アップルのティム・クック最高経営責任者〈CEO〉は、3 年間で総額 450 億ドルにのぼる四半期配当と自社株買いを開始することで、投資家の長年の念願をかなえた。 Reuters 3/21/2012）
1184	**quasi-legal herb**	脱法ハーブ（危険ドラッグ）

1185 rail against corruption 政治腐敗を激しく非難する

1186 raise funds for ～ ～の資金を集める

1187 rampant 〔形〕はびこる

1188 reconciliation 〔名〕和解する［させられる］こと、調停、調和

1189 record-breaking downpours 記録的な豪雨

1190 recovery from the recession 不況からの回復

1191 renewable energy

再生可能エネルギー

We will have to look more to renewable energy for power.
（電力はもっと再生可能エネルギーに依存しなければならなくなるでしょう。）

look to ～（～を当てにする）

renewable〔形〕再生できる

1192 repatriation

〔名〕本国への送還、復員

South Korea will seek global support at a U.N. meeting next week in efforts to rescue North Korean refugees arrested in China and facing repatriation.
（韓国は来週、国連の会議で、中国国内で拘束されて本国送還を目前に控えている脱北者を救済するため、国際社会の支援を求める。AFP-Jiji 2/22/2012）

1193 □	repealable	〔形〕廃止できる
1194 □	replenishment	〔名〕補充、補給、補給物
1195 □	rev up the economy	経済を高める・活性させる
1196 □	revamp	〔動〕～を改革する、～を刷新する、 ～を修理する 〔名〕刷新、手直し
1197 □	rising from the ashes	廃墟から復活する、 灰の中から復活を遂げる
1198 □	rout	〔名〕壊滅的敗走、大敗北、無秩序な群衆、 暴動、騒動 〔動〕～に圧勝する

1199 □	secretary-general	〔名〕事務総長、幹事長
1200 □	seismically active areas	地震活動活発地帯
1201 □	sentence ～ to life imprisonment	～に無期懲役の判決を言い渡す
1202 □	separation of powers	三権分立 (= the division of the three powers)
1203 □	shake-up	〔名〕大改革、大刷新 It's quite a shake-up all round. （これはかなり全面的な大改革です。）
1204 □	shore up support	援助を強化する
1205 □	social blunder	社会的失態
1206 □	soil liquefaction	液状化現象 (= soil liquefaction phenomenon) Soil liquefaction caused their house to slant from the foundation. （液状化現象で彼らの家は土台から傾いてしまった。） slant〔動〕傾く、斜めになる、～を斜めにする
1207 □	solar power generation	太陽光発電

1208 □ **stake one's political career**

政治生命を賭ける

1209 □ **stamp out terrorism**

テロを根絶する

1210 □ **statute of limitations**

出訴期限

Silvio Berlusconi's corruption trial has ended with a court ruling that the statute of limitations had run out.
(〈イタリア前首相の〉シルビオ・ベルルスコーニ氏の汚職を巡る裁判は、時効が成立したとの判断を下して終わった。 AP 2/27/2012)

run out(〈期限などが〉切れる)

1211 □ **stay in power**

政権に留まる

1212 □ **stratum**

〔名〕地層 (= layer)

1213 □ **subsidize**

〔動〕～に助成金 [補助金] を支給する、～に報酬金を払って協力を得る

1214 □ **subsidy**

〔名〕交付金、補助金、助成金

The government announced on Friday it will pay out ¥25.9 billion in the first round of subsidies to be given to seven prefectures and 59 municipalities hard-hit by the Great East Japan Earthquake.
(政府は金曜日、東日本大震災で大きな打撃を受けた 7 県と 59 市町村への第 1 回の交付金として、計 259 億円を支出すると発表した。 The Daily Yomiuri 3/3/2012)

municipality〔名〕地方自治体

1215 □ **summary court** 簡易裁判所

1216 □ **swastika** [swɑ́stikə; swɔ́stikə] 〔名〕（逆）まんじ、かぎ十字

1217 □	talk in a smoke-filled room	（政治的な）密談 The premier and the opposition leader had a talk in a smoke-filled room. （首相と野党党首が密談をしました。） opposition leader（野党の指導者） smoke-filled room （タバコの煙がもうもうの部屋）
1218 □	tax break	減税措置、特別減税、税額控除
1219 □	tax cut	減税
1220 □	tax-hike legislation	増税法案
1221 □	terrestrial planet	地球型惑星
1222 □	territorial dispute	領有権争い
1223 □	the afflicted people	被災者
1224 □	the House of Councilors	参議院
1225 □	the House of Representatives	衆議院

1226 □ **the Internet ballot** インターネット投票

1227 □ **the Japan-US Security Treaty** 日米安全保障条約

1228 □ **the Liturgy with the Eucharist** 聖体の典礼

liturgy〔名〕（キリスト教会の）典礼、礼拝式

Eucharist〔名〕（カトリックの）聖体（拝受）
（プロテスタントの）聖餐（式）

1229 □ **the summer solstice** 夏至

1230 □ **the vernal equinox** 春分

1231 □ **the winter solstice** 冬至

1232 □ **thriving** 〔形〕（経済が）好調で

1233 □ **tighten the noose around ～** ～への包囲網を狭める

In Syria the revolution is spreading and has tightened the noose around the regime.
（シリアでは、革命が広がりを見せ、〈アサド〉政権への包囲網を狭めている。
AFP-Jiji 7/17/2012）

regime〔名〕政権、支配体制

1234 □ **toe the line**

（グループなどの方針を）受け入れる

Hatoyama concluded that he could not sign a pledge to toe the DPJ policy line.
（鳩山由紀夫氏は、民主党の政策を受け入れるという誓約書には署名することはできないと結論を出した。 AJW 12/1/2012）

1235 □ **top brass**

高級将校（= the brass）

brass〔名〕真鍮

1236 □ **torpedo**

〔動〕～を粉砕する、～を魚雷攻撃する

The Palestinian prime minister pulled out of a planned meeting with Israel's leader, torpedoing what was set to be the highest-level talks between the sides in nearly two years.
（パレスチナ自治政府の首相は、予定されていたイスラエル首相との会談を取りやめ、両者が約２年ぶりに行うことになっていた首脳会談をぶち壊した。 AP 4/19/2012）

1237 □ **travesty of justice**

法を歪曲した茶番劇

1238 □ **tropic**

〔名〕回帰線

the Tropics（熱帯地方）

1239 □ **turn of events**

事態の展開

1240 □ **ultimatum**

〔名〕最終提案、最終通牒

1241 □ **under the banner of 〜**

〜の旗印の下に

A new party to be led by Nagoya Mayor Takashi Kawamura and others is looking to expand further through alliances with other parties under the banner of opposing Japan's participation in talks over the Trans-Pacific Partnership (TPP).
(河村たかし名古屋市長らが率いる新党は今後、環太平洋経済連携協定〈TPP〉交渉参加への反対を旗印に他政党と連携し、さらなる拡大を図る。 The Daily Yomiuri 11/24/2012)

1242 □ **underlying issue**

根本的な問題

1243 □ **unearth**

〔動〕〜を発掘する、〜を発見する、〜を暴く

The newly unearthed works could be worth about 7 million euros, according to the two experts who have been studying the paintings by Caravaggio for two years, the ANSA news agency said.
(カラバッジョの絵画を2年間研究してきた2人の専門家によると、新たに発見された作品は、推定約700万ユーロの価値があるとANSA通信は伝えた。 AFP-Jiji 7/7/2012)

1244 □ **up the ante**

要求をつり上げる

Liberal Democratic Party President Shinzo Abe upped the ante in his ongoing effort to get the Bank of Japan to be more aggressive in addressing deflation.
（日本銀行がデフレ対策により積極的になるために努力を続ける自民党の安倍総裁は、〈日銀への〉要求をつり上げた。
The Daily Yomiuri 12/25/2012）

address〔動〕（課題など）に取り組む

1245 □ **vandalize**

〔動〕（文化・芸術・公共物）を破壊する

1246 □ **war-weary**

〔形〕戦争に疲れた

U.S. President Obama and NATO partners want to show their war-weary voters the end is in sight while trying to reassure Afghans that they will not be abandoned.
（オバマ米大統領とNATO関係国は、厭戦気分が広がる有権者に〈紛争の〉終結が近いことを示したい一方で、アフガニスタン国民には、彼らを見捨てるわけではないと安心させようと努めている。 Reuters 5/22/2012）

1247 □ **widening gap society**

格差社会

The economy's rapid development has created a widening gap society.
（急速な経済発展が格差社会を生み出した。）

cf. class-ridden society（階級社会）
income inequality [gap]（所得格差）

1248 □ **wiretapping**

〔名〕盗聴

A wiretapping network run by Chongqing officials was detected on a phone call made to Hu Jintao, a discovery that helped topple the city's party chief Bo Xilai.
（〈中国の〉重慶市当局者らによる盗聴網が、胡錦濤国家主席にかかってきた電話をきっかけに発覚し、同市党委書記だった薄熙来氏が失脚する一因となった。 Reuters 4/27/2012）

cf. wire〔名〕電信、電線
tap〔動〕（たるなどの栓）を抜く

1249 □ **with full force**

全力で

1250 □ **xenophobe**

〔名〕外国人嫌いの人

Part 3
ビジネス英語

1251 □	a major company	大手企業
1252 □	accounting fraud	粉飾決算
1253 □	affiliate	〔動〕～を傘下に置く
1254 □	affiliated company	関連会社、子会社 affiliated〔形〕提携した cf. affiliate〔動〕（団体）を（～と）提携させる
1255 □	affix	〔動〕（署名など）を付す、（印など）を押す、～を添付する、（責任）を負わせる 〔名〕添付物、付着物
1256 □	Always be professional at work.	仕事では常にプロフェッショナルでありなさい。
1257 □	apportion [əpɔ́ːrʃən]	〔動〕～を割り当てる、～を配分する
1258 □	asset management	資産運用
1259 □	attorney	〔名〕弁護士
1260 □	backlog [bǽklɔ̀(:)g]	〔名〕未処理分、残務、注文残高、在庫、備蓄、手持ち a backlog of work（残務）

1261 □	be in the public domain	だれでも利用できる、 著作権が切れている
1262 □	board meeting	役員会議、取締役会
1263 □	break-even point (BEP)	損益分岐点 ※売上げと経費が同じ額となる売上高で、損益の分かれ目となる。
1264 □	bulletin	〔名〕社内報
1265 □	business jaunt	出張
1266 □	butter up the boss	上司にゴマをする
1267 □	close a deal with ～	～と取引をまとめる
1268 □	competency	〔名〕業務遂行能力 ※仕事で発揮される競争力。
1269 □	concession	〔名〕譲歩、譲与、承認、免許、特権
1270 □	cut one's losses	損失の少ないうちに手を引く、 （早めに手を引いて）損失を食い止める
1271 □	CV (= curriculum vitae)	履歴書

1272 □ **dividend**

〔名〕（株の）配当金、分け前、《数学》被除数

1273 □	employee benefit	従業員の福利厚生
1274 □	estimated completion date	完了予定日
1275 □	fluctuating income	変動収入
1276 □	for-profit	〔形〕営利目的の、利益追求の ⇔ non-profit〔形〕非営利目的の
1277 □	go above and beyond the call of duty	責務を超えた働きをする You went above and beyond the call of duty. （あなたは責務を超えた働きをしました。）
1278 □	He knows where to draw the line.	彼は身の程を知っている。 ※《直訳》彼はどこで線を引くかを知っている。
1279 □	He often uses professional jargon.	彼は業界の専門用語をよく使う。
1280 □	in-house magazine	社内報

1281 □ **liaison** 〔名〕連絡窓口

1282 □ **mandate** 〔名〕委任、権限

1283 □ **maternity leave** 〔名〕産休

1284 □ **merger and acquisition**
企業買収（= takeover of companies）
The bank became the world's largest as a result of a merger and acquisition.
（企業買収の結果、その銀行は世界一の規模になった。）
as a result of 〜（〜の結果として）
merger〔名〕合併
acquisition〔名〕買収

1285 □ **meritocracy** 〔名〕能力主義
※メリットに応じた扱い。

1286 □ **mission statement** 社是、使命［方針］記述書

1287 □ **nine-to-five job** 9時5時の仕事、
ふつうの（一般的な）仕事

1288 □ **office supplies** 事務用品

1289 □ **on-site** 〔形〕社内の、現地の

1290 □ **out of paper** 用紙切れ

1291 □ **out of stock**

在庫が切れている
run out of stock（在庫が切れる）

1292 □ **podium**
[póudiəm]

〔名〕演壇、指揮台、表彰台
cf. stage〔名〕舞台、演壇

1293 □ **probationary period**

試用期間

1294 □ **procurement**
[prəkjúərmənt]

〔名〕調達（課）、仕入れ、購買、獲得
procurement costs（調達費）

1295 □	remuneration	〔名〕報酬、給料、代償、 報酬を支払うこと
1296 □	rock bottom prices	最低価格
1297 □	sales pitch	売り口上 ※セールスを行う時の説明。もとはといえば実演販売などで使われていた。投資銀行の営業部隊が金融商品の説明を行う時にも使われる。
1298 □	seasoned pro	経験豊富な専門家［プロ］
1299 □	Self-trust is the first secret to success.	成功する秘訣はまず自分を信じること。
1300 □	send someone out into the trenches	（人）を現場に派遣する trench〔名〕《通例複数形で》塹壕陣地（軍事用語）、（ビジネスの）現場
1301 □	send someone packing	（人）を解雇する、（人）を追い払う
1302 □	send something C.O.D.	代金引換払いで送る
1303 □	shoot for a promotion	昇進を目指す
1304 □	shoulder a cost	費用を負担する

1305 □	startup company	新興企業
1306 □	stock market	株式市場
1307 □	subcontractor	〔名〕下請け業者
1308 □	subsequent business day	翌営業日
1309 □	tariff	〔名〕関税（率） 〔動〕～に関税を課す tariff rate（関税率）
1310 □	technology-savvy	〔形〕テクノロジーに精通している
1311 □	unit cost	単位原価

V,W,Y,other

CD-2 Track.17

1312 □	**vendor**	〔名〕販売員、露天商
1313 □	**venue**	〔名〕（会議などが行われる）場所、会場、開催地
1314 □	**walking papers**	《米》《口》解雇通知 cf. marching orders（進軍命令、《英》解雇通知）
1315 □	**window-dressing**	〔形〕粉飾決算の window-dressing operation（粉飾決算操作）
1316 □	**work ethic**	労働倫理、労働観
1317 □	**workforce** [wə́ːrkfɔ̀ːrs]	〔名〕全従業員、労働力、労働人口
1318 □	**year-on-year**	〔副〕前年比で The Bank of Japan and the new administration to be led by incoming Prime Minister Shinzo Abe are expected to conclude a policy accord to realize a 2 percent year-on-year inflation target. （日本銀行と次期首相の安倍晋三氏が率いる新政権は、〈消費者物価の上昇率を〉前年比2%とするインフレ目標を実現するための政策協定を結ぶ見通しだ。 The Daily Yomiuri 12/19/2012）
1319 □	**yield a return**	リターンを生み出す
1320 □	**401k**	〔名〕《米》企業年金（制度）

The Essence of 黒帯英語への道（上）

2014年10月24日　初版第1刷

編著者　大《おお》川《かわ》隆《りゅう》法《ほう》

発行所　幸福の科学出版株式会社

〒107-0052 東京都港区赤坂2丁目10番14号
TEL(03)5573-7700
http://www.irhpress.co.jp/

印刷・製本　株式会社 サンニチ印刷

落丁・乱丁本はおとりかえいたします

ISBN978-4-86395-563-9 C0082

表紙・中扉イラスト：©avian/Shutterstock.com

黒帯英語二段
【全10巻】

日本人がネイティブに対して引け目を感じることのない、英語上級者を目指す。応用例やヒネリを入れた英文例を満載。教養ある会話を英語で楽しみたい人へ。

CD（①～⑩）

黒帯英語三段
【①～⑦】

英米のインテリ層にも勝るプロフェッショナルな言い回しができるようになることを目指す人へ。

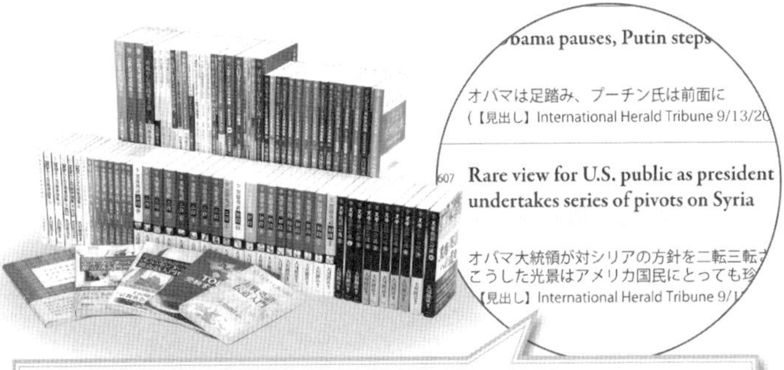

『黒帯英語二段③』より本文見本。上記は、「アメリカは世界の警察官ではない」とした、シリアに関するオバマ大統領の演説（2013/09/10）後の英字新聞記事を取り上げた一節。

宗教法人幸福の科学刊・非売品

大川隆法ベストセラーズ　英語習得法

外国語学習
限界突破法

日本人が英語でつまずくポイントを多角的に分析。文法からリスニング、スピーキングまで着実にレベルをアップさせる秘訣などをアドバイス。

1,500円

国際伝道を志す者たちへの
外国語学習のヒント

言語だけでなく、その国の文化・歴史・文学に精通し、各人の人生全般の問題に答えられること――幸福の科学大学が目指す国際人材の指標が示される。

1,500円

プロフェッショナルとしての
国際ビジネスマンの条件

実用英語だけでは、国際社会で通用しない！　語学力と教養を兼ね備えた真の国際人を目指し、日本人が世界で活躍するための心構えを語る。

1,500円

大川隆法ベストセラーズ　英語習得法・教育法

英語が開く「人生論」「仕事論」

知的幸福実現論

あなたの英語力が、この国の未来を救う！　国際的な視野と交渉力を身につけ、あなたの英語力を飛躍的にアップさせる秘訣が満載。

1,400円

大学生からの超高速回転学習法

人生にイノベーションを起こす新戦略

試験、語学、教養、専門知識……。限られた時間のなかで、どのように勉強すれば効果が上がるのか？ 大学生から社会人まで、役立つ智慧が満載！

1,500円

幸福の科学学園の未来型教育

「徳ある英才」の輩出を目指して

幸福の科学学園の大きな志と、素晴らしい実績について、創立者が校長たちと語りあった――。未来型教育の理想がここにある。

1,400円

大川隆法ベストセラーズ 「幸福の科学大学」が目指すもの

※幸福の科学大学（仮称）設置認可申請中

「比較幸福学」入門

知的生活という名の幸福

ヒルティ、アラン、ラッセルなど、「幸福論」を説いた人たちは、みな「知的生活者」だった! 彼らの思想を比較分析し、幸福とは何かを探究する。

1,500円

「幸福の心理学」講義

相対的幸福と絶対的幸福

現在の心理学は、不幸の研究に基づいているが、万人に必要なのは、幸福になれる心理学。「絶対的幸福」を実現させる心理学に踏み込んだ一書。

1,500円

「成功の心理学」講義

成功者に共通する「心の法則」とは何か

この「成功の心理学」を学ぶかどうかで、その後の人生が大きく分かれる! 「心のカーナビ」を身につけ、「成功の地図」を描く方法とは?

1,500円

※表示価格は本体価格（税別）です。

入会のご案内

あなたも、幸福の科学に集い、ほんとうの幸福を見つけてみませんか？

幸福の科学では、大川隆法総裁が説く仏法真理をもとに、
「どうすれば幸福になれるのか、また、
他の人を幸福にできるのか」を学び、実践しています。

入会

大川隆法総裁の教えを信じ、学ぼうとする方なら、どなたでも入会できます。入会された方には、『入会版「正心法語」』が授与されます。（入会の奉納は1,000円目安です）

ネットでも**入会**
できます。詳しくは、
下記URLへ。
happy-science.jp/joinus

三帰《さんき》誓願《せいがん》

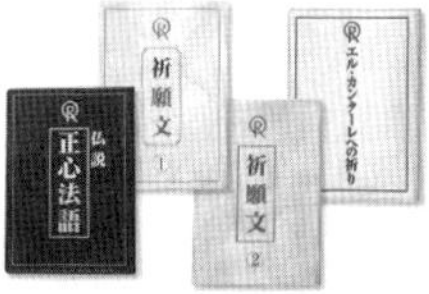

仏弟子としてさらに信仰を深めたい方は、仏・法・僧の三宝への帰依を誓う「三帰誓願式」を受けることができます。三帰誓願者には、『仏説・正心法語』『祈願文①』『祈願文②』『エル・カンターレへの祈り』が授与されます。

植福《しょくふく》の会

植福は、ユートピア建設のために、自分の富を差し出す尊い布施の行為です。布施の機会として、毎月1口1,000円からお申込みいただける、「植福の会」がございます。

「植福の会」に参加された方のうちご希望の方には、幸福の科学の小冊子（毎月1回）をお送りいたします。詳しくは、下記の電話番号までお問い合わせください。

月刊
「幸福の科学」

ザ・伝道

ヤング・ブッダ

ヘルメス・
エンゼルズ

INFORMATION
幸福の科学サービスセンター
TEL. 03-5793-1727（受付時間 火〜金：10〜20時／土・日：10〜18時）
宗教法人 幸福の科学 公式サイト **happy-science.jp**